中学校
新学習指導要領

社会の授業づくり

原田
Harada

明治図書

まえがき
―社会科を限界教科にしないために―

　過疎化と少子高齢化の進展に伴い、「限界集落」（65歳以上の高齢者の割合が5割を超え、社会的な共同生活の維持が困難になった集落を指す。大野晃が提唱）なる概念は今や広く人口に膾炙（かいしゃ）しているが、近年はさらに「限界国家」（毛受敏浩が同名の著書で提唱。2017年刊行の朝日新書を参照）なる概念も出現し、移民政策に向き合おうとしない日本の内向き姿勢に警鐘が鳴らされている。最初にこんなことを述べるのは、社会科が少子高齢化に取り組むべきだといいたいからではない（無論、その必要性はいうまでもないが…）。むしろ、社会科自体が今や「限界教科」になりつつあるのではないかとの危機感を伝えたかったがために他ならない。それは一体どういうことか。

　例えば、高等教育では、2015年に下村文科大臣（当時）が全国の国立大学長に対し、人文社会系学部・大学院の廃止ないしはより社会的ニーズの高い領域への組織改編に努めるよう通知したことは記憶に新しい。この背景に、産業界の要請があったのは確かだが、他方で学生の人文社会系離れが進んでいるのもまた疑うことのできない事実である。ことは日本だけに限らない。米国の有力大学においても、経営学を除けば、文学、哲学、歴史学、政治学等の人文社会系学科の人気はきわめて低いといわれている。

　初等・中等教育においても事態は変わらない。児童・生徒の選択のせいではないとしても、従前の国語と算数・数学を重視する傾向に加えて、近年は道徳や外国語の教科化や理数教育の重視に伴い、ますます社会科の地位が低下している感は否めない。今や、小学校の研究会で社会科を取り上げる事例はほとんどないのではなかろうか。それにもかかわらず、例えば中学校の社会科や高校の地理歴史科・公民科では、依然としてトーク＆チョークの授業が幅をきかせ、教師は教科書を漏れなく教えることを最優先し、生徒もまたテストのために文脈を無視した一問一答式の用語暗記を当然視している。そして、世間では社会科は暗記教科との見方が広く共有されるに至っている。これを「限界教科」といわずして、他に何と表現できようか。

国語や数学は日常生活のツールとなる読み書きや計算を学ぶという意味で用具教科といわれるのに対し，社会科や理科は地理・歴史や生命・物質等を学ぶことから内容教科といわれる。それゆえ，どうしても地理学・歴史学・生物学・物理学等の学問の論理が優先されがちで，例えば歴史を取り上げれば，日本史・東洋史・西洋史のどれもが重要であり，また近現代史のみならず古代史も中世史も近世史も欠かせないと考えてしまう。その結果，小・中・高と3回にわたって日本史の通史的学習を繰り返すとともに，高校の世界史では日本と全くつながりの感じられないような地域世界の歴史を学ぶという奇妙なカリキュラムが一般化しても，誰も不思議に思わないのである。

　だが，学問の成果を尊重することと，教育の論理を生かすことは，本来矛盾しないのではないか。問題は，教師やそれを取り巻く世間の人々が，教育の論理を十分に意識せず，例えば歴史なら古い方から順に教える，各時代を飛ばすことなく通史的に教える，といった旧来のやり方に安住して疑問を抱かないことにあるのではなかろうか。教育の論理とは，「どんな人間を育てるのか」ということに尽きる。目指すべき人間像を描き，その育成のために地理なり歴史の何を，どう取り上げて教えればよいのかを考え，カリキュラムを構成するのである。つまり，目的ないし目標を考えることが，教育では何よりも重要になるのである。

　その点で，今回の学習指導要領の改訂は画期的といえる。すなわち，「何ができるようになるか」という育成を目指す資質・能力を，広く社会と共有・連携しつつ明確化し，その上で「何を学ぶか」「どのように学ぶか」を考える，目標に導かれたカリキュラムの開発と運営・評価が奨励されているからである。まさしく，社会科を限界教科化から脱却させる絶好のチャンス到来といえるだろう。今こそ，「いつやるの？今でしょ！」の心意気で社会科の復活・再生を図りたい。本書がそのための一助となれば幸いである。

平成30年7月

原田　智仁

目次

まえがき　―社会科を限界教科にしないために―

第1章
新学習指導要領をどう読み解くか
―授業づくりの観点から―

❶新学習指導要領　3つのポイント
　―これさえ押さえれば大丈夫―……………………………………………………008
❷中学校社会の目標・内容の主な変更点……………………………………………014
❸評価への取り組みと課題……………………………………………………………018

第2章
中学校社会　授業づくりの基礎基本

❶社会科授業づくりの基本原理………………………………………………………022
❷探究としての社会科授業……………………………………………………………028
❸課題（問い）をどう設定するか……………………………………………………036

第3章
見方・考え方を生かした
社会科授業づくりの方法

❶見方・考え方をどう捉えるか………………………………………………044
❷見方・考え方を授業づくりに生かす方略
　―カリキュラムの構造化―…………………………………………………052
❸見方・考え方と教材・教具…………………………………………………058

第4章
地理的分野のポイントを押さえた授業づくり

❶地理的分野の授業づくりの基礎基本………………………………………064
❷新しい地理の内容を踏まえた授業づくりのポイント……………………066
❸世界の諸地域の授業づくり
　―「オセアニア州」―…………………………………………………………067
❹日本の地域構成と領域の授業づくり
　―「領土問題について考えよう」―…………………………………………082

第5章
歴史的分野のポイントを押さえた授業づくり

❶歴史的分野の授業づくりの基礎基本……………………………………094
❷新しい歴史の内容を踏まえた授業づくりのポイント………………097
❸エンパシーに着目した授業づくり
　――「中世の日本　民衆の成長と新たな文化の形成」――……………099
❹時代を大観する授業づくり
　――「中世の日本の大観」――……………………………………………113

第6章
公民的分野のポイントを押さえた授業づくり

❶公民的分野の授業づくりの基礎基本……………………………………122
❷新しい公民の内容を踏まえた授業づくりのポイント………………126
❸憲法学習の授業づくり
　――「憲法って何だろう」――……………………………………………127
❹社会的論争問題の授業づくり
　――「沖縄の基地問題について考えよう」――…………………………137

あとがき

第 **1** 章

新学習指導要領をどう読み解くか
― 授業づくりの観点から ―

第1章

新学習指導要領　3つのポイント
―これさえ押さえれば大丈夫―

　何でもそうだが，ポイントを押さえるということが重要である。他人に何か説明したり，自分の意見を主張したりする場合，どんなに内容が立派でもポイントを明確にしないとなかなか相手には伝わらない。特に授業においては，「あれもこれも」説明するのではなく，まずは幹に当たる部分を「あれかこれか」選択して明快に述べ，その後に必要に応じて，あるいは残された時間等を勘案しながら，適宜枝葉の部分に触れるというのが肝腎である。

　なお，要点を述べる際には，できれば3点に絞ると効果的である。2点では物足りないし，下手をすると対立的・対比的に受け取られかねない。また，4点以上では焦点が拡散してしまうし，そもそも覚えきれないからである。これをビジネスの世界では，「3の法則」と呼ぶらしい。そこで，新学習指導要領の要点を私なりに3点に絞ってみたい。中学校社会の授業づくりにおいて，「これさえ押さえておけば大丈夫！」と太鼓判を押せる3つである。

　それは，①育成すべき資質・能力の明確化―「知識及び技能」，「思考力，判断力，表現力等」，「学びに向かう力，人間性等」の3つに整理―，②「主体的・対話的で深い学び」―いわゆるアクティブ・ラーニング―の実現に向けた授業の改善，③各学校におけるカリキュラム・マネジメント―教育課程の開発・運営・評価―の推進，である。以下，これら3点について説明しよう。

1 育成すべき資質・能力の明確化

　新学習指導要領のキーワード「資質・能力」とは，日本版21世紀型能力ともいうべき「生きる力」を具体化する方略として提起されたものである。
　周知のように，生きる力は1998～99（平成10～11）年版学習指導要領で登

場した概念で，当初は「自ら学び自ら考える力等」と説明されていた。折しも，学校週5日制の導入に伴う授業時数の削減と，生きる力の育成を中心的に担う総合的な学習の時間の創設が話題になり，「ゆとりの中で生きる力を培う」という改訂の主旨にマスコミも好意的であった。しかし一部の大学人や教育関係者から学力低下への懸念が表明されると，いつしかマスコミも批判的論調を強め，ついに遠山文科大臣（当時）の「確かな学力向上のための2002アピール」が出されるに至り，盥の水とともに赤子の生きる力も流されたかに思われた。ところが，これを PISA ショックが救ったのである。

　2003年及び2006年の OECD 生徒の学習到達度調査（PISA）の結果，日本の高校生（15歳）の成績は数学的リテラシーや科学的リテラシーでは上位を占めたものの，読解力では中位に留まった。つまり，一義的に正解の得られる問題を解くことはできても，文章や図表等のテキストを読んでその意味を理解し，学校内外の様々な状況に活用する能力には劣るという結果が出たのである。これを見て，文科省は言語活動の充実のための協力者会議を組織して，小・中・高の指導事例集を作成するとともに，2008〜09（平成20〜21）年の学習指導要領改訂時には，「『生きる力』は変わりません！」と高らかに宣言するに至った。こうして，生きる力は甦ったのである。

　いずれにせよ，生きる力は OECD のキー・コンピテンシー，米国の21世紀型スキル，オーストラリアの汎用的能力と同じく，変化の激しい社会を生き抜くために必要な力といえよう。だがそれを単なる理念に留め置いたのでは意味がない。具体的な教科や教科外活動を通して，実質的に育成する方略が必要である。そこに登場したのが育成すべき「資質・能力」だといってよい。では，「資質・能力」は「生きる力」をどう具体化しようとするのか。

　まず，育成すべき資質・能力を，知識・スキル・情意の3つに整理したことである。すなわち，①「何を理解しているか，何ができるか」（生きて働く「知識・技能」の習得），②「理解していること・できることをどう使うか」（未知の状況にも対応できる「思考力・判断力・表現力等」の育成），③「どのように社会・世界と関わり，よりよい人生を送るか」（学びを人生や社

会に生かそうとする「学びに向かう力・人間性等」の涵養)の3つである。

そして、全ての教科の目標と内容を、「知識及び技能」、「思考力、判断力、表現力等」、「学びに向かう力、人間性等」の3つの柱で再整理した。つまり、この3つが新たな「評価の観点」として、評価規準づくりに生かされることになったわけである。ただし、「学びに向かう力、人間性等」については観点別学習状況の評価にはなじまないとの理由で、「主体的に学習に取り組む態度」とすることが示された。妥当な落としどころといえよう。

2 「主体的・対話的で深い学び」の実現に向けた授業の改善

育成すべき資質・能力が、「何ができるようになるか」を意味するとすれば、主体的・対話的で深い学び(アクティブ・ラーニングの視点)は「どのように学ぶか」を指し示すものといえるだろう。新学習指導要領では、総則において「主体的・対話的で深い学びの実現に向けた授業改善」について規定するとともに、各教科等の「指導計画の作成上の配慮事項」でも、授業改善の観点から指導上の工夫について整理して規定している。

ところで日本には「出る杭は打たれる」という諺がある。和を以て貴しとなすきわめて同調圧力の強い日本社会ならではの言葉だが、今回の学習指導要領の改訂において、出る杭として打たれた(あるいは文科省自身が打った)のが「アクティブ・ラーニング」に他ならない。2014(平成26)年11月の中教審への諮問、さらに翌年8月の教育課程企画特別部会の「論点整理」ではアクティブ・ラーニングの重要性が説かれたものの、2016(平成28)年12月の中教審答申で「主体的・対話的で深い学び」と言い換えられて以降、アクティブ・ラーニングの語は急速にトーン・ダウンするに至った。

そもそも、アクティブ・ラーニングは大学教育の質的転換の一環として、学生の受動的学修をより能動的な学修へと転換することを求めた2012(平成24)年8月の中教審答申で登場したものである。それが、初等・中等教育、特に高大接続改革に関連して高校や大学入試にもアクティブ・ラーニングの

必要性が示されるに及び，俄然，世間の注目を集めることになった。

　では，なぜ文科省は自ら杭を打ったのだろうか。おそらく予想以上に杭が出すぎたからである。諮問から答申までの教育界最大の話題が「アクティブ・ラーニング」であり，各教育誌がここぞとばかり特集を組んだり学校現場の実践を紹介したりして，一種のブームと化した。その反面，「『活動あって学びなし』と批判される授業に陥ったり，特定の教育方法にこだわるあまり，指導の型をなぞるだけで意味のある学びにつながらない授業になってしまったり」（文部科学省「新しい学習指導要領の考え方」2017年，21頁）といった危惧が指摘されるに至り，急遽言い換えを図ったものと考えられる。そして，「義務教育においては，新しい教育方法を導入しなければと浮足立つ必要はなく，これまでの蓄積を生かして子供たちに知識を正確に理解させ，さらにその理解の質を高めるための地道な授業改善が重要」（文部科学省，同上書，23頁）と，半ば釈明することになったのである。

　では，授業づくりの観点から，「主体的・対話的で深い学び」はどう捉えたらよいのだろう。一般的には，①主体的学び，②対話的学び，③深い学びと三分し，例えば①については生徒の学習への動機づけを重視する課題（問い）の設定を，②については生徒同士の調査や話し合いを，そして③については教科固有の「見方・考え方」を働かせて問題を追究し解決する活動を重視するものと捉えられている。しかし，実際のところはどうだろうか。

　①の主体的学びや③の深い学びは直接目に見えないことから，結局②の対話的学びが重視され，ことある毎にグループ学習が推進されることになりはしないか。それ自体悪いことではないが，グループで何を，どう話し合い，どんな見方・考え方を働かせるかが明確になっていないと，結局形骸化は避けられないだろう。これを避けるには，どうすればよいか。いうまでもなく，主体的・対話的な学びは深い学びを生むための手段である。つまり，深い学びこそが重要なのであり，それは目指すべき資質・能力の育成につながるかどうかに係っている。それゆえ教師がまず明確な目標を設定し，その目標を生徒と共有しつつ課題の設定や追究活動を組織することが必要になる。

3 各学校におけるカリキュラム・マネジメントの推進

　カリキュラム・マネジメントとは，端的にいえば国（文科省）は教育課程の基準を学習指導要領という形で規定するが，カネもヒトもつけられないので，後は各学校で知恵を絞って上手くやってねという宣言である。そもそも，マネジメントとはビジネスや経営に関する概念で，様々なリソースを有効活用しつつリスクに対処し，最大限の効果を上げようとする手法のことである。つまり，ふんだんな石油資源を持つサウジアラビア，高度経済成長期の日本や中国であればマネジメントなど不要であるが，今の日本にその余力はない。しかし教育改革が待ったなしだとすれば，教育課程の遂行や評価・改善等は各学校や教師に任せ，ついでに責任も取ってもらうしかないのである。

　今回の中教審答申は，初等中等教育に関して大胆で抜本的な改革提言を行った。それ自体は評価されることだが，英語をそのまま片仮名表記した語の濫用は如何なものだろう。カリキュラム・マネジメントはもとより，グローバル化，アクティブ・ラーニング，インクルーシブ教育と，初めて見たり聞いたりした者には何のことかわからない。むしろ，それがねらいではないかと勘ぐりたくもなる。なぜなら，カリキュラム・マネジメントの語が初めて登場した2003（平成15）年の中教審答申では，「教育課程の開発や経営（カリキュラム・マネジメント）」と表現されていたし，アクティブ・ラーニングも2012（平成24）年の答申では「能動的学修（大学教育改革の答申なので「学修」となる）」と謳われていたからである。外来語に弱い邦人を振り向かせる意義があるかもしれないが，逆にその語が日本文化に根づいていないという証左でもあり，その成否については予断を許さない。

　閑話休題。国（文科省）の用語を責めていても始まらないとすれば，このカリキュラム・マネジメントをどう受け止め，授業づくりに生かせばよいのか。結論を述べよう。「ついに潮は満ちた」である。661年，百済の援軍要請に応えて，伊予の港で新羅征討のための船出を待っていた額田王の歌を思い

出そう。「熟田津に船乗りせむと月待てば潮もかなひぬ今は漕ぎ出でな」と。

　日本では第二次大戦後10年余り，学習指導要領は試案として示されたことから，各学校や地域で教師たちが工夫して独自のカリキュラムを作成した。しかし1958～1960（昭和33～35）年の学習指導要領からは文部大臣による告示となり，法的拘束力をもつものとみなされたため，次第に教師は検定教科書を粛々と教えるようになっていったのである。その結果，教師のカリキュラム開発力は決定的に失われた。それが再び学校や教師にカリキュラム・マネジメントを委ねようというのである。無論，基準としての学習指導要領は存在するが，学校や生徒の実態に応じて柔軟にカリキュラムを改変・遂行することが可能になったのである。だとすれば，今こそ，私たちならではの授業，自校ならではのカリキュラムを開発し，求められる資質・能力の育成を図るべきではないか。それこそプロの腕の見せ所であろう。

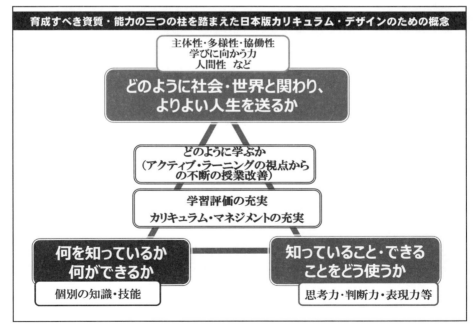

（出典：教育課程企画特別部会「論点整理」補足資料（平成27年8月）より）

中学校社会の目標・内容の主な変更点

1 目標はどう変わったか

　教科目標に関して注目すべき変更点は，以下の3つである。
　第一に，従前まで目標は一文で示されていたが，新学習指導要領では柱書きの部分と，育成すべき資質・能力の3つの柱（＝評価の観点）に対応した箇条書きの部分とに分けて示されたことである。つまり柱書きで総括的目標を記し，箇条書きで具体的な達成目標を示したと捉えることができる。
　第二に，柱書きの部分で重要なのは前段の「社会的な見方・考え方を働かせ，課題を追究したり解決したりする活動を通して」の部分である。ここでは，社会科固有の学びを生かすために「社会的な見方・考え方を働かせ」ること，及び資質・能力は「課題を追究したり解決したりする活動」，いわゆるアクティブ・ラーニングを通して育成すべきことを述べている。
　第三に，箇条書きの部分で重要なのは，①知識及び技能の技能とはいわゆる資料活用能力を指しており，思考のスキル等は含まないこと，②思考力，判断力，表現力等における思考力とは「社会的事象の多面的・多角的考察」を，判断力とは「課題の解決に向けた選択・判断」を，表現力とは「思考・判断に基づいた説明，議論」を意味すること，③主体的学習態度とは「よりよい社会の実現を視野に課題を主体的に解決しようとする態度」を意味しており，主権者として社会形成に参画する態度が期待されていること，である。
　なお，分野目標の記述の論理も，基本的に教科目標の場合と変わらない。ポイントは，各分野固有の見方・考え方を働かせること，すなわち①地理的分野では，「社会的事象の地理的な見方・考え方」，②歴史的分野では「社会

的事象の歴史的な見方・考え方」、③公民的分野では「現代社会の見方・考え方」を生かした学習をそれぞれ求めていることである。

2 地理的分野の内容はどう変わったか

　地理的分野の内容や内容構成に係る主な変更点は、以下の３つである。
　第一に、大項目Ａ「世界と日本の地域構成」については、従前の「世界の様々な地域」と「日本の様々な地域」という２つの大項目にそれぞれ分かれて設定されていたのを改め、新たな大項目として１つに統合し、地理的分野の内容の最初に位置づけたものである。そのねらいは、具体的な世界と日本の諸地域の学習に先立って、「世界と日本の地理的認識の座標軸を形成」するとともに、「地図の読図や作図などの地理的技能の基本を身に付ける」（『解説』17頁）ことにより、後の学習の円滑な展開を図るためとされている。
　第二に、地域調査についても従前の「世界の様々な地域」と「日本の様々な地域」という２つの大項目に分かれていたのを見直し、大項目Ｃ「日本の様々な地域」の最初に「(1) 地域調査の手法」として位置づけたことである。この中項目では、観察や野外調査、文献調査などの地域調査の実施方法を学ぶことに特化し、地域の将来像の構想等については、地理的分野の最後の中項目として「(4) 地域の在り方」を新設することになった。この新項目では、地域の地理的な課題の解決を中心とする学習が期待されている。
　第三に、大項目Ｃ「日本の様々な地域」の学習では、４つの中項目の全てにおいて防災学習を重視したことである。例えば、「(1) 地域調査の手法」において防災に関連する主題を設定し、課題の追究に当たって危険を予測する際には、「縮尺の大きな地図や統計その他の資料を含む地理空間情報を適切に取り扱い」、「(2) 日本の地域的特色と地域区分」では「自然災害と防災への取組などを基に、日本の自然環境に関する特色を理解」させ、また「(3) 日本の諸地域」では地域レベルでのそれらの具体的な特色を扱い、「(4) 地域の在り方」では「生徒の生活圏における自然災害や防災を取り上

げ，学習を深める」ことが，それぞれ可能になるような内容構成になった。

3 歴史的分野の内容はどう変わったか

　歴史的分野の内容や内容構成に係る主な変更点は，以下の3つである。
　第一に，時代を大観する学習が一層重視されたことである。時代大観学習は，2008（平成20）年改訂の現行学習指導要領の大項目「(1) 歴史のとらえ方」で登場したもので，「学習した内容を活用して」各時代の特色を捉え表現する学習を意味している。今回の改訂ではそれを受けて「古代までの日本」，「中世の日本」，「近世の日本」，「近代の日本と世界」，「現代の日本と世界」の各中項目の考察・構想すべき事項に，「各時代を大観して，時代の特色を多面的・多角的に考察し，表現」することが明記された。各中項目のまとめの学習を充実させることで，基本的知識の習得と思考力，判断力，表現力等の育成を確かなものにしようとするところにねらいがある。
　第二に，日本の歴史の背景となる世界史的内容の充実が図られたことである。今次改訂により高等学校における「世界史」の必履修が廃止され，新たに近現代の日本と世界を相互的視野から学習する「歴史総合」が設置されたのを受けての対応といってよい。具体的には，例えば元寇の背景としてモンゴル帝国の拡大によるユーラシアの結びつきに気づかせたり，ヨーロッパ人の来航の背景として，アジアの交易の状況やムスリム商人などの役割に気づかせたりすることが挙げられている。また，主権者教育の充実の観点から，古代文明の学習で民主政治の来歴を，近代の「市民革命」の学習では政治体制の変化や人権思想の発達を取り扱うことが示された。
　第三に，伝統や文化の学習を充実させる観点から，琉球の文化とアイヌの文化に触れるよう明記されたことである。従前も中世の東アジアの国際関係として琉球の国際的役割を，また近世の鎖国下の対外関係として琉球の役割や北方との交易をしていたアイヌを取り扱ったが，今回はさらにそれぞれの文化についても触れることとされたわけである。ただし，琉球とアイヌの生

活・文化を単にトピック的に扱うのではなく、より広く日本列島の東と西、南と北の生活や文化の多様性に気づかせるような取扱いが期待されよう。

4 公民的分野の内容はどう変わったか

　公民的分野に関して、内容構成上の大きな変更はないが、内容面で注目すべき点を挙げれば、以下の3つになる。
　第一に、今回の改訂においては全ての教科や分野で「見方・考え方」が重視されたのを受け、公民的分野では「現代社会の見方・考え方」とすることが示された。それに関連して、従前に引き続き「対立と合意、効率と公正」など社会を多面的・多角的に考察、構想する際に働かせる概念的な枠組みの基礎を、「現代社会を捉える枠組み」として明確に位置づけたことである。
　第二に、経済、政治、国際社会の各大項目の学習において、現代社会の見方・考え方を確実に働かせるため、それぞれ「分業と交換、希少性」、「個人の尊重と法の支配、民主主義」、「協調、持続可能性」等の視点ないし概念を新たに示したことである。これにより、「課題の特質に応じた視点（概念など）に着目して考察したり、よりよい社会の構築に向けて、その課題の解決のための選択・判断に資する概念などを関連付けて構想したりするなど、現代社会の見方・考え方を働かせる学習の一層の充実を図った」（『解説』21頁）とされている。
　第三に、内容Aの「(1) 私たちが生きる現代社会と文化の特色」のうち、情報化については「人工知能の急速な進化」と関連づけたり、「災害時における防災情報の発信・活用などの具体的事例を取り上げたり」することが内容の取扱いで示された。また内容Bの「(1) 市場の働きと経済」では、個人や企業の経済活動における役割と責任に関連して、「起業について触れるとともに、経済活動や起業などを支える金融などの働きについて取り扱う」ことが内容の取扱いで示された。防災情報の発信・活用、起業や金融の働きなど、まさに現在の日本社会のニーズに応える内容の位置づけといえよう。

評価への取り組みと課題

1 学習評価の意義

　今回の改訂に先立つ中教審答申では,「社会に開かれた教育課程」の実現に向けて,まず「何ができるようになるか」という育成すべき資質・能力を明確化し,次いでそのために「何を学ぶか」,「どのように学ぶか」という形で,教科固有の学習内容と学び方を吟味することの重要性が示された。特に,学び方に関しては「主体的・対話的で深い学び」を成立させるために,子どもの発達や学習課題等に応じた指導・支援の必要性が指摘された。その上で,「何が身に付いたか」の評価を充実させることが求められたわけである。ただし,それは単に個々の子どもの学習評価に留まるものではない。カリキュラム・マネジメントとして,学校の教育課程や教師の指導方法の評価・改善にも結びつけて捉える必要がある。

2 評価の3つの観点

　現行学習指導要領では,目標に準拠した評価として,学習状況を分析的に捉える「観点別学習状況の評価」と総括的に捉える「評定」の2つの方法が採用されている。この方法は基本的に改訂後にも引き継がれるが,大きな変更点は,評価の観点が現行の4観点(①関心・意欲・態度,②思考・判断・表現,③技能,④知識・理解)から,育成すべき資質・能力の3つの柱に即した3観点(①知識及び技能,②思考力,判断力,表現力等,③主体的に学習に取り組む態度)に整理されたことである。

育成を目指す資質・能力のうち「学びに向かう力，人間性等」については，観点別学習状況の評価にはなじまないとして，「主体的に学習に取り組む態度」とされたものの，評価が不要なわけではないことに留意したい。感性や思いやり等は，「個人内評価（個人の良い点や可能性，進歩の状況についての評価）」等を工夫して評価することが期待されている。

3 評価の留意事項は何か

評価に関して留意すべき事項を挙げれば，以下の3点になる。

第一に，目標に準拠した評価において，最も重要なのは評価規準の作成である。従来の社会科では，往々にして内容の理解（知識・理解）を重視するあまり，思考力・判断力・表現力等の評価規準が形骸化しがちであった。これを改め，各単元で育成すべき資質・能力を見極め，無理なく着実に指導・評価できる規準を作成することが何よりも求められてくる。

第二に，現行の観点別評価でも指摘されてきたように，毎時間の授業毎に全観点を評価しようするとどうしても形骸化しやすいことから，単元や題材のまとまりの中で適宜観点を絞って評価し，単元全体を通じて各観点での評価がなされるよう工夫することが重要である。特に，主体的に学習に取り組む態度について，例えば授業中の挙手の回数やノートの取り方だけで評価・判定するような形式主義に陥らないことが肝要である。

第三に，これもかねてより言い古されてきたことであるが，指導と評価の一体化に努めることが大切である。つまり，講義一辺倒の指導や中間テスト・期末テスト等のペーパーテストだけでは，思考力・判断力・表現力を育てることも評価することもできないということである。授業にアクティブ・ラーニングを導入すれば，プレゼンテーション・議論・ロールプレイ・レポート等のパフォーマンス評価—知識やスキルを使いこなすことを求める評価方法のこと（西岡加名恵「パフォーマンス評価とは何か」文科省検討会での参考資料，4頁，2013年）—が必要になってくる。また，そうした形で評価が実質

化していけば，生徒の学びも自ずと用語暗記では済まなくなり，「主体的・対話的で深い学び」が現実のものとなってくるのではなかろうか。そう信じて，指導と評価の一体化に取り組みたい。

4 評価の課題─納得できることを，無理なく，着実に─

　先に要点は3点に集約すべきことを説いたが，ここでは敢えて4点目として，評価（教育改革の象徴としての評価）の課題を取り上げる。

　今回の学習指導要領は改革への意欲に溢れている。確かに，今，教育改革は世界的に見ても避けられない状況にあるが，カリキュラム・マネジメントの項で述べたように，国は改革に見合うカネやヒトを用意しているわけではない。全て学校や教師の創意・工夫に依存しており，それだけ現場の負担は過重になることが予想される。こうした状況を，「バブル化する学習指導要領」（『内外教育』時事通信社，2016年9月16日，24頁）と皮肉な見方もあるように，バブルはいつかはじける。その犠牲となるのが生徒や教師であるのは間違いない。ただでさえ，教師の多忙化，学校のブラック化が指摘される中，教師には的確な「選択・判断」，つまりスクラップ・アンド・ビルドが求められてこよう。

　ポイントは，「納得できることを，無理なく，着実に」である。アクティブ・ラーニングであれパフォーマンス評価であれ，自らの経験と生徒の実態に照らして，①納得でき，②自分にも無理なくできそうで，③優先度の低い業務をスクラップできる見込みがあると判断した場合に，勇気をもって着実に実行することである。評価は，生徒の進路も含め未来を左右しかねないだけに，教師は特に神経を使う。だが，生徒のための改革で教師が神経をすり減らしてしまい，仕事が辛く感じられたり，生徒と触れ合う時間が減少したりしては元も子もない。また，そんな改革は偽物であろう。そう考えて楽しく改革に臨みたい。そのためにも，やるべきことのリストだけでなくやめることのリスト（not-to-doリスト）も不可欠になってくる。

第2章

中学校社会
授業づくりの基礎基本

CHAPTER
2

社会科授業づくりの基本原理

1 単元レベルでのカリキュラム開発を

　社会科授業づくりの基本原理の第一は,「単元レベルでのカリキュラム開発」を心がけることである。これはさらに以下の3つの原理に分けられる。
　第一に,授業づくりを年間レベルでも1時間レベルでもなく,単元レベルで考察・構想することである。単元（Unit）とは学習内容や学習活動のまとまりを指す概念で,学習内容を重視すれば教材単元,学習活動を重視すれば経験単元となる。第二次大戦後の社会科成立期には,経験単元の下でのプロジェクト学習や作業的・体験的学習が注目を浴びたが,日本社会の復興とともに教材単元が主流になっていった。現在でも,総合的な学習の時間においては経験単元的な学習が求められているが,中等段階の社会科や地理歴史科・公民科では,教材単元を意識して考えるのが妥当であろう。
　第二に,授業を広義のカリキュラムと捉えることである。狭義のカリキュラムは日本では一般に「教育課程」と訳され,学習指導要領や学校全体の教育計画と受け取られている。そして,教師は概してそれらの単なる遂行者・消費者と位置づけられる。これに対し,広義のカリキュラムは,文部省とOECD-CERI（教育研究革新センター）の「カリキュラム開発に関するセミナー」(1974年)報告で示された通り,目標,内容・教材,教授・学習活動,評価などを含む広い概念を指す。授業を広義のカリキュラムと捉えることで,単元の意識も生まれ,また目標から評価までを教師が一貫して責任をもつ主体（教育課程の単なる消費者ではなく生産者）であることが明確になってくる。
　第三に,授業を教科書の要約や解説,ないしは教材化と捉えるのではなく,

カリキュラムの開発と位置づけることである。教師にとって教科書をこなすだけの授業は一種のルーティン・ワークであり,「授業をする」とはいっても「授業をつくる」とは考えないだろう。授業のために必要な教師の仕事は,せいぜい間違いなく授業をするための教材研究であり,その中心は教科書に記述された用語を正しく理解し,わかりやすく解説することに置かれるといってよい。それを,教材はもとより教育内容や評価も含めて教師が「つくる,開発する」ものへと,授業観を転換しようというわけである。

　これまで中学校の社会や高校の地歴・公民の教師は,高校入試や大学入試への対応もあり,教科書の全体をどうこなすかを第一に考えがちであった。例えば年間指導計画の立案・作成の際,教科書の全頁数を年間の授業時数で割り算して,1時間当たりにこなすべき教科書の頁数を割り出すことも少なくなかった。近年では教科書会社がそうした教師に配慮して,1時間に教科書の見開き2頁を教えれば全体がこなせるよう内容構成を工夫している場合が少なくない。市場占有率を高めるための企業努力といえばそれまでだが,教師の授業づくりの力量を奪っている事実にも留意すべきであろう。

　いずれにせよ,教科書を粛々とこなすやり方では,学習内容や学習活動のまとまりをどうつけるかという意識が欠落してしまい,教師の主たる関心は予定通り教科書を教えることに向かっていく。その結果,中間テストや期末テストの出題範囲についても,「教科書の○○頁～△△頁」という形で生徒に示すことが通例化し,生徒はテストの直前になると教科書の該当頁を繰り返し読んだり重要語句をマークしたりして,暗記に努めることになる。そして,テストが終われば暗記した知識も日を追って忘れられていくのである。この繰り返しが果たして社会科ならではの学習であろうか。また,こうした指導が社会科の授業づくりといえるだろうか。断じて,否であろう。

2 逆向き設計(バックワード・デザイン)を

　社会科授業づくりの基本原理の第二は,単元レベルでのカリキュラム開発

を，通常の授業設計や授業展開とは逆向きに行うことである。これを，「逆向き設計（バックワード・デザイン）」という。

通常の中学校社会の授業はどう構想され，実践されているだろうか。実際には多様な方法・形態がとられているに違いないが，その基本的パターンは私の経験則からして，以下の3段階になるといってよいだろう。

伝統的・一般的な授業づくりのプロセス

① 本時に教えるべき教科書の該当頁の内容を，板書を意識しながら概括的に整理し，重要語句の意味等を確認する。

② 授業展開を想定して授業プリントないしワークシートを作成し，教材と学習活動（資料の読解やグループでの話し合い等）を決定する。

③ 定期考査等での評価を想定して，理解させるべき重要語句や資料の読解等について考察し，プリント教材に空欄等を設けて工夫する。

これに対し，逆向き設計の授業づくりはどんなパターンになるだろうか。基本的な手順を示せば，以下のようなプロセスとなろう。

逆向き設計による授業づくりのプロセス

① 教科目標（公民としての資質・能力の育成）を意識しつつ，本単元で育成すべき資質・能力を知識及び技能，思考力，判断力，表現力等，学びに向かう力，人間性等という3つの柱に即して確定し，観点毎（第3の観点は「主体的に学習に取り組む態度」）に評価規準を作成する。

② 評価の手立てや時期を確定し，それぞれについて3〜5段階程度の評価基準（ルーブリック）を作成する。

③ 授業展開を想定して教材の選択や学習活動を工夫し，ワークシート等に反映させる。

伝統的・一般的な授業づくりが，〈①学習内容の設定→②教材・学習活動の決定→③評価方法の決定〉と進むのに対し，逆向き設計（バックワード・デザイン）では，〈①目標の設定→②評価方法の決定→③教材・学習活動の決定〉の順になる。前者が，「何を，どう教え，どう評価するか」という流れで授業を組み立てるのに対し，後者は「どんな資質・能力を育て，いかなる方法で評価するのか，そのために何をどう教えるか」という発想で授業づくりをすることになる。つまり，慣例に従って走り，結果で判定するのが従来のやり方だとすれば，先にゴールと判定の仕方を決めてから走り出すのが新しいやり方だといってよいかもしれない。

　いずれにせよ，本書のまえがきでも述べたように，教育において最も重要なのは目標（大きな方向としてのゴールと具体的な達成目標としてのオブジェクティブ）の設定であり，これまで学習指導要領任せにしていた（あるいは文科省にその権限を独占されていた）目標設定を，これからは教師や学校が責任をもって行うことが求められているのである。その意味を個々の教師が重く受け止めるとともに，実はそれこそがカリキュラム・マネジメントの第一歩となることを肝に銘じておきたい。特に社会科の場合，公民としての資質・能力を養うというゴールを絶えず意識する必要がある。そうでないと，いつしか地理や歴史，政治・経済等の内容に絡め取られてしまい，教育の論理を見失うからである。その上で，育成を目指す資質・能力をオブジェクティブとして明確に設定し，その評価の手立てを講じねばならない。

　因みに，バックワード・デザイン（backward design）とは，米国の教育学者ウィギンズ（G. Wiggins）とマクタイ（J. McTighe）両氏の著書『理解をもたらすカリキュラム設計―「逆向き設計」の理論と方法』（西岡加名恵訳，日本標準，2012年）により日本でも知られるようになったもので，逆向き設計とは訳者の西岡氏による造語である。しかし，この考え方自体は決して珍しいものではない。例えば社会科教育の世界では，『達成目標を明確にした社会科授業改造入門』（伊東亮三編著，明治図書，1982年）において，伊東氏が実際の授業過程と教材構成や授業設計の過程とは逆方向になることを説いて

以来，広く学界では認知されてきたものである。ただし，教育界での普及となると西岡氏の翻訳本の出版によるところが大きいといえよう。

3 生徒に真正の学びを促す探究を

　新学習指導要領では，生徒の「主体的・対話的で深い学び」を促すことが重視されている。これについては，「深い学び」の成立を最優先し，そのための手段として「主体的」学びと「対話的」学びを位置づけることが必要である。では，深い学びを成立させるにはどうすればよいのか。中教審答申や新学習指導要領は，教科（科目）固有の見方・考え方を働かせることだと述べているが，それではやや杓子定規に過ぎるのではないだろうか。

　教科の存立を根拠づけるのが教科固有の学びであり，それは教科固有の見方・考え方に依拠するというのが，今回の改訂の論理である。しかし，教科固有の見方・考え方を働かせることで，教科ならではの深い学びを成立させるというのは，一種のトートロジー（同語反復）に過ぎないのではないか。確かに，地理的分野の学習では地理的な見方・考え方が，また歴史的分野の学習では歴史的な見方・考え方が，それぞれ重要なのは納得できる。だが，見方・考え方を働かせて「深い学び」を生むためにどうすればよいのか，その答えが示されていないのである。

　私見では，その答えは個々の生徒に「真正の学び」を生み出すことである。やや唐突感をもたれるかもしれないので，その意図を述べておこう。まず，今回の改訂の目玉をなす「資質・能力の3つの柱」の主旨を再度確認しておきたい。従前のように，学力の要素（関心・意欲・態度，思考力・判断力・表現力，技能，知識・理解）をただ列挙するのではなく，「何を理解しているか，何ができるか」（知識・技能），「理解していること・できることをどう使うか」（思考力・判断力・表現力等），「どのように社会・世界と関わり，よりよい人生を送るか」（学びに向かう力・人間性等）といった形で，具体的な生活場面での活用や社会との関わりを意識して学力を捉えていることに

注目したい。知識を例にするならば、テストで高得点をとるためだけの「学校知」ではなく、社会で生きて働く知識（社会知・実践知）を習得させ、生涯にわたって活用できるようにすることが目指されているのである。

社会で生きて働く知識を習得・活用する学習ならば、生徒にとっても学ぶ意味が納得でき、本物の学習と感じられるのではないか。こうした学習論を総称して、米国では「真正の学習 authentic learning」といい、1990年代以降、学力論・評価論・授業論においても「真正性 authenticity」が重視されてきた。早くからこの概念を提唱した教育学者のニューマン（F. Newmann）らは、「真正の学習」のための5つのスタンダードを示している（フレッド・M・ニューマン著、渡部竜也・堀田諭訳『真正の学び／学力　質の高い知をめぐる学校再建』春風社、2017年）。それが、①高次な思考、②知識の深さ、③教室を越えた世界とのつながり、④本質的な対話、⑤生徒の達成に向けた社会の支援であり、ここにも新学習指導要領の主旨と通底する真正の学習論の特色を見ることができよう。

では、生徒が学ぶ意味を感じながら、教室を越えた世界とのつながりの中で、社会的支援を受けつつ本質的対話を通して高次な思考を経験し、結果的に深い知識を習得するような学習はどうすれば実現できるのか。実は、それこそ探究の果たすべき役割なのである。生徒が主体的に探究に取り組むためには、探究すべき課題（問い）にリアリティや切実性がなければならない。生徒が臨場感や本物感を感じながら、いわば他人事としてではなく、自らの生活や生き方に関わる我が事として課題（問い）に取り組んでこそ、主体的な探究が可能になる。また、探究は学問 discipline の概念や手続きに支えられていなければ深い学びにはつながらない。つまり、課題の切実性と方法の科学性を踏まえた探究によってこそ「真正の学習」が生まれるのである。

このように真正の学びと探究は不可分の関係にあるといってよい。そして、真正の学びを促す探究に不可欠なのが、課題（問い）である。生徒にとって切実性があり、かつ教科（社会）の本質につながるような課題（問い）をどう設定するか、そこに真正の学びを促す探究の成否が係っている。

第2章

探究としての社会科授業

1 探究(探求)とは何か

　探究とは,「なぜ?」という問いを粘り強く問い続けることである。そこで, 観察・調査・実験等によりデータを集めて分析したり検証したりして, 最終的に納得のいく解決を目指す。探究の英語 inquiry（enquiry）は quest, question 等と同じくラテン語の quaerere（尋ねる）が語源である。日本では,「探究」と「探求」の文字をめぐってこだわる人も見かけるが, あまり意味はない。なお, 探究学習と称される学習論にも様々なタイプや系譜があり, 一つの定型があるわけではないことに留意したい。

探究と追究
　追究（追求）も探究（探求）とほぼ同義であるが（罪や責任を問う「追及」は全く意味が異なるので注意したい）, 従前の学習指導要領においては, 教師が課題を与えたり生徒の主題設定を支援したりする場合に「追究」, 生徒が自ら課題を見出す場合に「探究」の語を用いている。中学校の社会や高校の地理歴史では, 課題を設定して行う学習や主題学習が位置づけられているため, 課題や主題を誰が設定するかが問われるのであろう。2008（平成20）年版の中学校学習指導要領からそれぞれの例を示してみよう。
　追究の例として, 地理的分野の内容(1)「エ　世界の様々な地域の調査」が挙げられる。「世界の諸地域に暮らす人々の生活の様子を的確に把握できる地理的事象を取り上げ, 様々な地域又は国の地域的特色をとらえる適切な主題を設けて<u>追究し</u>, ……（以下略）」とあるが, 項目の主旨や内容からし

ても，一定の教師の支援を前提にした主題設定が想定されているのは明らかである。

　次に，探究の例として公民的分野の内容(4)「イ　よりよい社会を目指して」が挙げられる。「持続可能な社会を形成するという観点から，私たちがよりよい社会を築いていくために解決すべき課題を探究させ，自分の考えをまとめさせる。」とあるように，社会形成に参画する主体として，持続可能な社会のために何をどう解決すべきか，生徒自身に主題を設定して探究させようとしていることがわかる。中学校社会のまとめ項目ならではの学習といえよう。

習得・活用・探究の捉え方
　習得・活用・探究の意味と相互の関連にも触れておきたい。1998～99（平成10～11）年版の学習指導要領で「総合的な学習の時間」が導入された際，異学年集団の子どもたちが国際理解，情報，環境，福祉・健康等に関わって教科横断的に課題やプロジェクトを設定し，観察・調査・体験等の探究的活動を通して，一定の成果を生み出すことが求められた。それから間もなく，学力低下論争が起こり，確かな学力路線へと方針転換が図られながらも，PISAショックが幸いして「生きる力」が甦ったことは先述した通りである。

　これ以降，教科では確かな知識や技能を「習得」し，総合的な学習の時間には子どもが主体となって「探究」するという一種の棲み分けが図られた。しかし，両者のつなぎが不明確なこともあり，次の2008～09（平成20～21）年の改訂において「活用」の概念が提起されるに至った。つまり，教科では基礎・基本となる知識・技能を習得させるだけでなく，実生活等の別の状況に活用させ，その有効性を検証したり確認したりした後に，総合的な学習の時間において主体的に探究させるという構図が提起されたのである。

　当時，中教審の委員であった市川伸一は，「詰め込み」「教え込み」を旧タイプのわからない授業，総合的学習のような「教えずに考えさせる」授業を新タイプのわからない授業と批判し，代わって「教えて考えさせる授業」を

提案した（『「教えて考えさせる授業」を創る』図書文化，2008年，他）。つまり，教師の説明を踏まえて理解を確認・深化させた後に，課題を設定・計画して実行してこそ，学習の2つの柱をなす習得サイクルと探究サイクルがかみ合い，理解と思考が深まると説いたのである。ただ教えるだけでも，考えさせるだけでも駄目だとする主張は大変わかりやすく，理解を踏まえて考えさせる「活用」の意味を現場の教師に伝えるのに効果的であった。ただし少し考えてみればわかるように，ほとんど常識に近い提言であり（コロンブスの卵と同じで，人々に気づかせたことに意義があるが），特に探究を総合的な学習の学びとする点で，従前の解釈をそのまま踏襲している。

社会科の学習と探究

　上記のように教科と総合の学びを「習得・活用」と「探究」で区分したり，主題の設定を誰がするかで用語を使い分けたりするのは理論的に誤りである。教科であれ総合的な学習であれ，子どもにとっての真正の学びは「探究」にならざるを得ない。特に社会科においてはそうである。

　その理由は先に述べた通りだが，一問一答式，Yes-No型のクイズのような問いに答えを出すのは学習ではない。繰り返し紙に書いたり，声に出して読んだりして覚えることも広義の学習の一つとする人がいるかもしれないが，それはドリルやトレーニングであり，少なくとも真正の学習ではない。では，習得的学習は単なるドリルやトレーニングだろうか。確かに漢字の読み書きや算数の九九にはドリルも必要かもしれないし，体育や音楽の基礎的技能についてはトレーニングが不可欠だろう。しかし，社会科の場合どうだろうか。生徒にとっての切実な問題，地域や人類の持続可能性の点から見て重要な課題は，簡単に答えが出るものではない。過去や他所の地域の事例等も参照しながら粘り強く探究するしかない。それが社会科の真正の学習であり，その結果として基本的な用語に関する知識や資料活用技能が「習得」されるのではないか。だから，社会科の学習論は探究以外にあり得ないのである。

2 探究としての学習過程

探究としての学習は，いかなる学習過程をとるのだろうか。何らかのパターンがあるとすれば，それはいかなるものか。あるいは，そもそも学習過程に一定のパターンはないのだろうか。もしないとすれば，それは一体なぜか。

探究学習と探究としての学習の違い

1960～70年代前半の日本は高度経済成長の真只中にあったが，教育（学）界は一種の授業改造ブームに沸いていた。敗戦後，連合国軍の占領下で一時，経験主義的な教育が脚光を浴びたものの，独立と復興に伴い徐々に系統主義的な教育が復活しつつあった。折しも，冷戦状態にあった米ソは核兵器や宇宙開発をめぐって熾烈な競争を繰り広げ，それが教育界にも及んで教育の現代化運動（米国では，New curriculum と総称）を引き起こした。日本にも影響し，上記のブームとなったわけである。水道方式，範例方式，教材の構造化，主体的学習，社会科検証学習，発見学習等，多様な○○方式，△△学習が教育学者や民間教育団体により提唱され，一世を風靡した。その一つに，大野連太郎を代表とする社会科教育研究センター（現在は加藤幸次を代表とする探究学習研究会と改称）の提唱した探究学習があった。その学習過程は１小単元１サイクルを原則とし，以下の３段階で構成された（社会科教育研究センター編『社会科探究学習の授業』中教出版，1974年，他）。

探究学習の過程（社会科教育センター）
(1) 問題の把握（学習問題の設定，仮説の設定，検証計画の立案）
(2) 問題の追求（情報・資料の収集や吟味，学習問題の検証）
(3) 結論の吟味（学習問題の解答，口頭・動作・文で発表，調べ方の反省）

探究と呼ぶにしろ問題解決と呼ぶにしろ，そもそも学習とは問いに対する答えを求めて，息長く調べたり議論したりすることであり，その意味でこの学習過程は極めてまっとうなものといえよう。しかし，逆に当たり前すぎて，だからどうなのかという疑問も芽生える。1小単元1サイクルということは，数時間毎にこの学習過程を繰り返すことになる。それで学習の形骸化は進まないのだろうか。多分，毎単元に同じ過程や方法をとっていたら，生徒にとって学習の真正性が持続しないのではないかと思われる。

　特に，私が探究学習等，△△学習論を受容できないのは，それがしばしば学習段階論として説明されたり，受け取られたりするからである。例えば，2008（平成20）年の改訂のキーワードをなした「習得・活用・探究」についても，文科省自体は学習の「類型」と説明したが，学校現場では「段階」と捉えて実践しようとする場合が少なくなかった。探究学習も同様で，問題の把握→問題の追求→結論の吟味が，3段階の学習段階論として一般化されがちである。その何が問題なのか。学習過程を一定の段階論として捉えると，単元指導計画や学習指導案が作成しやすく外見的にもスマートだが，その分子どもの真正の学びを阻害しがちだからである。子どもの発想や学びは決して段階論的には進まない。その自由度を保障することこそが大切なのである。

　その点で，私は探究学習ではなく探究としての学習を支持したい。両者は似て非なるものである。また，探究としての学習に一定のパターンや段階はない。敢えて学習過程を設定すれば，おそらく探究学習と同じようになるだろうが，その意味や必要性を感じない。重要なのは探究としての学習の要件であり，それは以下の3点にまとめられる。詳細は後ほど説明したい。

探究としての学習の要件
○学習の主体性（主体的な課題の発見，主体的な課題の解決）
○教材の切実性（生徒にとっての切実性，社会にとっての切実性）
○学習内容の本質性・科学性（教科の本質，科学の方法との接続）

中教審答申の学習過程の例が示唆するもの

　学習を段階論として固定的に捉えることは避けねばならないが，単元の授業づくりを考えたり，実践したりしていく上で，一定の学習過程（流れ）をイメージしておくことは重要である。

　2016（平成28）年の中教審答申でも，社会科，地理歴史科，公民科の学習過程のイメージが図示された。その一部を示せば，以下のようになる。なお，三段目の枠内は，主な学習過程の例となっている。

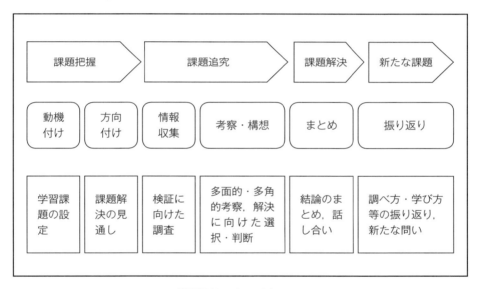

学習過程のイメージ（部分）

（出典：「答申」別添資料3－6より）

　このイメージの意義は次の3点に要約される。

　第一に，学習過程を一つのイメージとして例示したことである。他にも多様な学習過程の可能性を示唆しており，固定的な段階論に陥ってはいない。

　第二に，学習を絶えず課題（わからないこと）から解決（わかったこと）に向かう一方向のクローズド・エンドの流れとして捉えるのではなく，課題の解決・振り返りの中から新たな課題を見出すようなスパイラルな連続性を

示したことである。わからないことがわかることによって，別のわからないことが生まれるようなオープン・エンド化の流れが組み込まれている（片上宗二『オープンエンド化による社会科授業の創造』明治図書，1995年）。

　第三に，課題把握を動機づけと方向づけの二局面で捉えるとともに，課題追究の後半も，情報収集を踏まえた考察と構想の二局面で捉えていることである。まず課題把握において，生徒の学習の主体性を担保する上で動機づけ，とりわけ内発的な動機づけが必要なのはいうまでもないが，それだけでは方向を見誤ったり，目的を見落としたりしかねない。それゆえ，一定の学習の見通しを立てることが重要なのである。学力評価の観点でいえば，「主体的に学習に取り組む態度」に深く関わっている。

　また，考察・構想は，それぞれ思考力と判断力に対応する。日常生活レベルでは，思考力も判断力も広義の思考に位置づけられるが，学力評価の観点としての思考力と判断力は区別して捉えるよう示唆されている。前者は，社会的事象等の意味や意義，特色や相互の関連を考察することであり，キーワードは「多面的・多角的考察」になる。後者は社会に見られる課題を把握して解決に向けて構想することであり，キーワードは「選択・判断」となる。

3　探究としての学習のイメージ

　以上を踏まえ，探究としての学習の学習過程を簡潔に要約しておこう。
1　学習過程を段階論として固定化，定型化しない。探究としての学習に必要なのは，課題把握・追究・解決の過程を踏むことではなく，「なぜ？」という問いの追究を核にして，真正の学習を粘り強く進めることである。
2　そのために重視すべきは探究としての学習の要件であり，それは①学習の主体性，②教材の切実性，③学習内容の本質性・科学性からなる。
3　探究としての学習は，始点から終点に向かう一方向的な流れではなく，課題の解決が新たな課題の発見を生むようなスパイラルな連続性をもつ。探究としての学習のイメージを図示すれば，次頁のようになる。

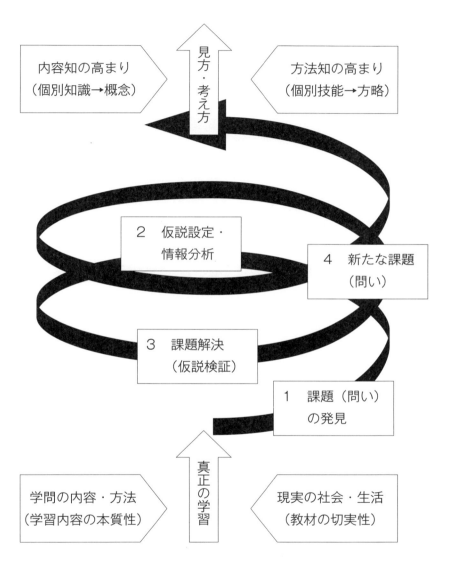

探究としての学習のイメージ図（筆者作成）

第2章

3

課題(問い)をどう設定するか

1 社会科における問いと思考

思考の源泉としての問い

　人はなぜ問うのだろう。それは人が考える動物（ホモ・サピエンス）だからである。人のあらゆる意識的な行為・行動は何らかの思考の結果であり，思考（考えること）は何かを問うことによって始まる。ただボンヤリと物思いに耽ることはできても，問いもなくボンヤリと考えることはできない。夕食に何を食べようか，将来どの大学に進学しようか，なぜ彼（彼女）は私のことを振り向いてくれないのか等々，何かを考えている時には必ず背後に問いがあり，その問いに答えを得ようとして頭を働かせているのである。

　つまり，思考とは自分で自分に問いかける行為に他ならない。われわれは，時に人に道や時刻を尋ねたりするが，それも自己に問いかけて答えが出ないからである。それゆえ，授業で生徒の思考を促そうとするのであれば，生徒自身に問いを自覚させることが何より重要になる。教師が問えば，生徒が必ず思考するわけではない。教師の問いを受け止め，その問いの意味を理解・納得し，生徒自身が自らに問いかけてこそ思考は生まれるのである。その意味で何でも問えばよいのではなく，生徒の納得を得られるような問いを，生徒の学びの文脈に即して問うことが教師には求められてくる。

事実認識における問いと説明

　問いといえば，通常５Ｗ１Ｈやその変形版が基本になる。これらの問いと説明の関係については森分孝治の類型がわかりやすい（森分孝治『社会科授業

構成の理論と方法』明治図書，1978年）。以下に概略を示そう。

```
What?  何か    → 分類による説明
How?   いかに  → 記述による説明 ┐ When? Where? Who? Whom?
Why?   なぜか  → 推論による説明 ┘ は How? や Why? の下位の問い
（＊ Why? のみが科学的説明となる）
```

森分孝治による問いと説明の類型

「これは何か」と問われれば，「これは何々だ」というように，説明すべき事象を既知の概念によって分類するから分類による説明，「どのように～か」と問われれば，説明すべき事象の過程ないし構造を既知の概念によって詳しく記述して答えるから記述による説明とする。これに対し，「なぜか」と問われれば，説明すべき複数の事象間の関係を法則（公式）や統計に基づいて「～だから（ので），…ではないか」と推論して答えるから，推論による説明と捉えるのである。そして，「なぜか」の問いによる説明だけが科学的説明に値するとして，社会科授業を「なぜか」という問いに基づく科学的説明の過程として組織すべきことを説いた。なお，「いつ，どこで，誰が，誰に」といった問いは，「いかに」や「なぜか」の下位の問いに位置づけている。

森分説はシンプルでわかりやすいが，ポパー（K. Popper）の「事実と決断の二元論」の立場から，社会科教育を事実認識の側面に限定し，新学習指導要領で重視する構想や意思決定などの価値的思考を導く問いを排除した。関連して森分氏は「いかに How?」の問いに対する知識を事実的記述的知識，「なぜ Why?」の問いに対する知識を概念的説明的知識として，知識の構造を大きく二分して捉えたが，これも価値（規範）的知識を加えることで，知識を三層構造として捉える方が授業づくりの点で有益だろう。そこで，森分説を修正した，価値判断を含む問いと知識の類型を次に示すことにする。

価値判断を含む問いと知識の類型

> When? Where? Who? What?：個別的事象の名称を問う問い→事実的知識
> How?：個別的事象の総合・概括を問う問い→記述的知識
> Why?：諸事象間の関係を問う問い→説明的知識（→概念的知識）
> What should we (I) do?：価値判断や意思決定を問う問い→価値的知識

森分説に加筆・修正した問いと知識の類型（筆者作成）

「いつ，どこ，誰，何」の問いは，時間，場所，人，制度等，個別的事象の名称の説明を求める問いであり，それ自体の習得が目的視されることもあるが，大抵の場合，より高次の目的を達成するための手段となる知識である。しかし，森分氏が分類による説明と称したように，これは「○○だ」と事実を特定することができるため，客観性を重視する日本の評価では必要以上に重視されてきた。その結果，いつしか社会科の評価といえば，地理・歴史・公民を問わず，**事実的知識**を求める「いつ，どこ，誰，何」のクイズ的問いが中心を占めることになり，暗記教科の名がすっかり定着してしまった。

これらの事実的知識を総合，総括することを求めるのが「どのように How?」の問いである。例えば，「南アジアにはどんな国があるか。それらの国の文化や産業には，どのような違いがみられるか」といった問いに答えるとすれば，インド，パキスタン，バングラデシュ，スリランカ等の位置や首都，文化や産業について細かに調べ，そうして習得した個々の事実的知識を総合したり概括したりして記述することになる（**記述的知識**）。その記述的説明が詳細な事実に基づき，リアリティに富めば富むほど納得も得やすくなる。

これに対し，諸事象間の関係を問うのが「なぜ Why?」である。「どのように How?」の問いが総合に向かうとすれば，「なぜ Why?」の問いは焦点化に向かう。何らかの現象や結果から，その現象や結果をもたらす原因や理由，本質の説明を求める問いであり，説明には余分な事実を削ぎ落とし，必

要な事実を選んで論理的に結びつけることが求められる。例えば，「なぜインドではICT関連産業が発達したのか。」と問われれば，インドに関する無数の事実の中から理由に該当するものを取捨選択して，「インドでは数学の教育水準が高く，英語を話せる技術者も多いこと，また新しい産業はカースト制度の影響を受けにくいことなどから，ICT関連産業が発達した。」といった説明をすることになる（**説明的知識**）。この推論が事実に基づき，論理的に筋が通っていれば納得を得られるのである。

さらに，社会生活では実践的判断ないし意思決定を求められることが少なくない。主権者として選挙の際に誰（どの党）に投票するのかは重要なことだが，その意思決定のためには個々の政策―例えば，2016年に日印両政府が調印した原子力協定に基づき，日本の原発をインドに輸出する政策―について，「われわれ（私）はどうすべきか」判断しなければならない。それは森分氏の批判する「事実と決断の一元論」ではなく，事実に基づく記述的説明や推論による説明を踏まえつつ，主体的に判断することを意味する。その場合，何よりも合理的な判断が求められるが，最終的には自らの信念に基づいて価値判断することになる（**価値的知識**ないし**規範的知識**）。

森分氏は，社会科教育では科学的探求（なぜ Why?）を通して合理的な説明ができるようにすることが重要であり，主体的実践的判断は各人に任せるべきだと主張した。筆者もその考えに異論はない。だが，そうした市民の育成のためにも社会科の授業で多様な価値に触れさせ，それぞれの価値を吟味した上で自ら判断する経験を積むことが大切ではなかろうか。無論，価値を求める問いへの説明は，常に開かれたものでなければならない。

2 問題と課題―共通の問題から個別の課題(問い)へ―

問題と課題，日常的にはほぼ同義に用いられるが，ここでは敢えて異同を考えたい。問題解決，問題状況等の語が示唆するように，問題 problem とは解決すべき困難な事柄や状況を指している。因みに，問題の中で特に問い

かけて回答を求める事柄を question，争点となっている事柄を issue という。それらをひっくるめて problem である。これに対し課題には論文などのテーマ subject の意と，任務 task の意があるが，問題解決への取り組み，ないし取り組みの対象を指す点で共通する。ここでは task の意味で捉えておく。

　問題と課題をこのように区別することにどんなメリットがあるか。実は，そこに主体的な探究への扉を開く鍵があるのである。社会科では，日本の農業，環境と防災，中世の寄合いと土一揆，自由民権運動，地方自治，世界の平和と日本の役割等，どの単元でも（歴史の場合，やや見えにくいが）基本的に社会の「問題」を扱いながら社会の仕組みや現状について学び，最終的によりよい社会の形成者を育成しようとする。つまり，問題はあらかじめ学習指導要領や教科書に示されているのである。だからこそ，個々の子どもの経験を重視した初期社会科（1950年代の社会科）では，学習指導要領を試案に留め，地域独自のカリキュラムを開発したり，生徒からの問題提起を軸にした活動を促したりして，教科書にとらわれない個性的な実践を生み出したのである。だが，現在ではなかなかそうはいかない。

　では，問題が規定されている中で，どうやって生徒に主体性を発揮させればよいのだろうか。「日本の農業」を例に考えてみよう。教科書には食糧自給率の低下，国際競争の圧力，後継者の不足等の問題が記されている。だが，その現れ方や捉え方・接し方は地域により，人により異なる。だからこそ，地域の特性や生徒の経験・関心を踏まえつつ，主体的に「課題（問い）」を発見させるのである。日本の耕地の4割を占める中山間地域には，どこにも美しい棚田の風景が広がっているが，機械が入りにくいところを中心に耕作放棄地も増えている。それを見れば，「なぜ美しい棚田が荒れているのだろう」，「棚田を守るにはどうすればよいのだろう」，「棚田は誰が，いつ頃，どうやって作ったのだろう」，「水はどうやって確保するのだろう」等々の課題が出てくるのではないか。そうした生徒なりの問い，すなわち課題設定こそが，主体的な探究につながるのである。もちろん，核となる問いが「なぜ？」であるのはいうまでもない。

3 主体的に課題(問い)を発見させる方略

　一般的な問題状況から、生徒に固有の課題を発見させるためには、教師自身が教科書記述を越えて社会の問題に関心をもち、追究していく姿勢が必要である。教師に個性的な課題の設定ができないのに、子どもに指導するわけにはいかない。だが、そのための方略もある。次にそれを考察しよう。

　第一に、単元計画において十分な課題設定の時間を確保することである。先述のように、思考を促すのが問いであるとすれば、深い学びを成立させるには問いの役割が大きい。問いが生徒にとって切実であり有意味であれば、放っておいてもアクティブになり、そこに深い学びが生まれよう。

　第二に、個々の生徒の問いが追究に足る課題かどうか、グループや学級で議論させることである。そのためにも、なぜその問いを設定したのか理由を述べさせたい。その生徒ならではのこだわりや思いが読み取れ、それに級友が共感したり同意したりすれば、共通の追究課題になっていく。だが、課題(問い)の設定を生徒に任せきりにすると、しばしば授業のねらいとのズレが生じてしまう。そのズレを避けるための主な方略を、第三に述べよう。

　第三に、生徒と課題との出会いの場を教師が工夫することである。以下、その具体的事例を小学校の社会科から取り上げたい。それは理解を容易にするためであり、基本的な方略としては中学校の社会科も変わらない。

　まず、〈見学(観察)・調査・聴き取り等の活動を通して課題を発見させる方略〉が挙げられる。課題発見のためのフィールドワークといってもよい。兵庫教育大学附属小学校の浅野光俊先生(当時)は、「商店で働く人」(第3学年)の学習において、近くのスーパーマーケットを見学した。多様な問いが出される中で、駐車場を挟む形で地元の農家の直売店(ファーマーズマーケット)があることに気づいた子どもから、「どちらも野菜や果物を販売しているのに、どうして隣り合わせにあるのだろう」という問いが提起された。教師のねらいからズレていたために、残念ながらそれを学級全体で共有する

には至らなかったが，もし教師がこの問いに着目して学習課題にするよう促したならば，「集積の利益」に関する経済概念を探究する学習も可能になったにちがいない。

　次に，〈教師による教材の提示から課題を発見させる方略〉が挙げられる。島根大学教育学部附属小学校の赤木直行先生（当時）は，「宍道湖のしじみ漁」（第3学年）の学習に際し，ジョレンを教室に持ち込んだ。ジョレンを見たり触ったりした子どもたちは口々に疑問を出していく。どうして重い鉄でできているのか。どうして長い柄がついているのか。どうして隙間が開いているのか，等。そして，ついにジョレンの隙間の意味にたどり着く。先生からジョレンの隙間が漁協により決められていることを聞いて，「どうして隙間の大きさを1センチ以上と決めているのだろう」という学級全体の追究課題を設定するのである。そして，単に地域の自然を生かした人々の暮らしだけでなく，生業と資源保護の両立を図ろうとする漁民の知恵を学んでいく。それが宍道湖のしじみ漁を越えて，持続可能な社会の実現のために不可欠な知恵を意味するのはいうまでもない。子どもの主体的な課題（問い）の設定が本質的知識を生んだ格好の事例といってよい。

　中学校の場合，一つ目に挙げた〈見学（観察）・調査・聴き取り等の活動を通して課題を発見させる方略〉は現実的に難しいかもしれないが，二つ目の〈教師による教材の提示から課題を発見させる方略〉は，その気になれば十分可能であろう。それには，平素から教材の収集・開発に努めたい。新聞・雑誌・本を読む，テレビ・映画・DVDを観る，博物館・資料館を見学する，自宅や学校の身近な地域を散歩したりジョギングしたりする，国内や外国を旅行するなど，忙しい教員でも年間を通してみれば，こうした経験も決して少なくなかろう。その時，どれだけ社会科の教師としてアンテナを高く張っているかが重要である。アンテナ次第で，教材（ネタ）の方から自分に近づいてくるといってよい。そのアンテナを張るのは，他でもない教師の課題意識なのである。生徒の本然の問いを誘発するためにも，まず教師自身が社会に対して，歴史に対して豊かな問いを投げかけたい。

第3章

見方・考え方を生かした
社会科授業づくりの方法

第3章 1

見方・考え方をどう捉えるか

　第1章1で述べたように，新学習指導要領の要点は，①育成すべき資質・能力の明確化，②「主体的・対話的で深い学び」の実現に向けた授業の改善，③各学校におけるカリキュラム・マネジメントの推進の3つに集約されるが，それ以外の隠れた主役ともいうべきものに，「見方・考え方」がある。各教科・科目・分野の目標冒頭に，「（社会的な）見方・考え方を働かせ」の文言が掲げられたのが，その証左である。ところが，この見方・考え方があれこれ定義，説明されている割にわかりにくい。より明快な説明が求められよう。

　端的にいえば，「どのような視点で物事を捉え，どのような考え方で思考していくのか」（中教審答申，33頁）という教科固有の視点や方法を指すのだが，それでわかるだろうか。「見方・考え方」という言葉自体に難解さはないが，その定義としての「視点と方法」は抽象的すぎて具体的な指導や学習のイメージが湧いてこない。その生かし方や働かせ方が理解されないと，どんなに見方・考え方の重要性を力説しても画餅に終わるのではなかろうか。

1 社会科教育学研究における主な「見方・考え方」論

　「社会的な見方・考え方」については，学習指導要領での取扱いをめぐる議論以外にも，多様な解釈や検討がなされてきた。そこで，新学習指導要領における定義や指導法について考察する前に，これまでの社会科教育学研究を振り返り，注目すべき3つの「見方・考え方」論を概観しておきたい。

　第一は，社会の事実や過程に関する個別的知識に対して，社会的諸事象の関係を説明する一般的知識，すなわち概念（理論）を「見方考え方」と捉える方法を指す（森分孝治『社会科授業構成の理論と方法』明治図書，1978年）。つ

まり，個別の情報を大量に覚えさせるのではなく，転移性があり説明力の高い一般的知識（見方考え方）を習得させるところに社会科教育の意義があるというのである。森分氏は，従来の社会科が事象の正確な理解を目標に，事実的記述的知識の教授を踏まえて見方考え方に進もうとしたものの，結果的に大量の事実を記憶する知的に挑戦しない授業に陥ってしまったと批判し，逆転の発想に基づく授業づくりを提案した。それが，「事実から見方考え方へ」ではなく，「見方考え方から事実へ」の授業構成論である。

　第二は，見方・考え方を見方と考え方に二分し，社会に関する事実判断や推理を示す事実関係的知識を「社会的見方」，価値判断を示す規範的知識を「社会的考え方」と捉える方法を指す（岩田一彦編著『小学校社会科の授業設計』東京書籍，1991年）。前者は「〜ので…である」，後者は「〜ので…べきである（べきでない）」という命題の形をとる。つまり，社会科は事実と価値を混同してはならない。まず，事実認識（事実判断・推理）をきちんとした上で価値判断に進むべきだというのである。岩田氏はこうした考えに基づいて，社会科の授業過程と授業設計を事実認識に関わる「概念探求過程」と，価値判断に関わる「価値分析過程」の両面で論じ，社会科の基本的学習過程を「概念探求過程から価値分析過程へ」とする原理を示した。

　第三は，見方・考え方を内容的見方・考え方と方法的見方・考え方に二分して捉える方法を指す（小原友行「社会的な見方・考え方を育成する社会科授業論の革新—21世紀の学校教育における社会科の役割—」『社会系教科教育学研究』10号，1998年，5－12頁）。内容的見方・考え方は社会的知識を，方法的見方・考え方はスキル（資料活用技能，思考力・判断力）を指している。つまり，社会科では知識の習得だけでなく，知識の習得の仕方や思考力も重視すべきだというのである。小原氏は初期社会科論の分析を踏まえ，社会科の学習過程を，①社会を知る（記述），②社会がわかる（説明），③社会に生きる（判断）の3段階で捉え，各段階の進展に即して，内容的見方・考え方と方法的見方・考え方の双方を習得させるべきだと説いた。

第3章

> 森分説：見方考え方 ＝ 一般的知識（概念＝理論）
> 　　　＊概念（理論）探求としての社会科授業（見方考え方から事実へ）
> 岩田説：見方 ＝ 事実認識，考え方 ＝ 価値判断
> 　　　＊社会科の授業過程は「概念探求→価値分析」の流れ
> 小原説：内容的見方・考え方（社会的知識）＋ 方法的見方・考え方（スキル）
> 　　　＊社会科の学習過程は「記述→説明→判断」の流れ

3つの見方・考え方論

　では，これら三氏の見方・考え方論は，新学習指導要領に基づく社会科の授業づくりの観点からどう評価すべきであろうか。結論からいえば，それぞれの論に意義があり，新学習指導要領の見方・考え方論にも生かすことができる。まず，森分氏の「見方考え方＝一般的知識（概念）」論は，育成すべき資質・能力の核となる知識を，単に知っているレベルで捉えるのではなく，「わかり，使える」レベルで捉えるべきことを示唆する。次に，岩田氏の「見方＝事実認識，考え方＝価値判断」論は，思考（考察）と判断（構想）を安易に同一視せず，一定の考察を踏まえて構想すべきことを示している。また，小原氏の「内容的見方・考え方＋方法的見方・考え方」論は，内容知（知識）と方法知（技能，思考力・判断力・表現力）のそれぞれを，学習過程の深まりに即して育成し習得させるべきことを示唆していよう。

2　新学習指導要領の「社会的な見方・考え方」論

　新学習指導要領では，「社会的な見方・考え方」はどう定義され，どう働かせることが期待されているのだろうか。次に，それを考察しよう。
　まず，社会的な見方・考え方とは，小・中学校の社会科，及び高校の地理歴史科・公民科の「見方・考え方」を総称した名称である。また，それらは

社会的事象への着目の仕方によって、3つに分類される。すなわち、①位置や空間的な広がりに着目し、地域という枠組みの中で、人間の営みと関連づける「地理的な見方・考え方」、②時期や推移（時間の経過）などに着目し、類似や差異などを明確にしたり事象同士を因果関係で関連づけたりする「歴史的な見方・考え方」、③事象や人々の相互関係、あるいは政治・法・経済などに関わる多様な視点に着目し、よりよい社会の構築に向けた課題解決に資する概念や理論などと関連づける「現代社会の見方・考え方」である。これらについて、文科省が説明したのが下の図である。

社会的な見方・考え方

現代社会の見方・考え方（公民的分野）
社会的事象を
政治、法、経済などに関わる多様な視点（概念や理論など）に着目して捉え
よりよい社会の構築に向けて、課題解決のための選択・判断に資する概念や理論などと関連付けて

社会的事象の地理的な見方・考え方
（地理的分野）
社会的事象を
位置や空間的な広がりに着目して捉え
地域の環境条件や地域間の結び付きなどの地域という枠組みの中で、人間の営みと関連付けて

社会的事象の歴史的な見方・考え方
（歴史的分野）
社会的事象を
時期、推移などに着目して捉え
類似や差異などを明確にしたり
事象同士を因果関係などで関連付けたりして

社会的事象の見方・考え方（小学校）
社会的事象を
位置や空間的な広がり、時期や時間の経過、事象や人々の相互関係に着目して捉え
比較・分類したり総合したり
地域の人々や国民の生活と関連付けたりして

新学習指導要領の社会的な見方・考え方

（出典：『小学校学習指導要領（平成29年告示）解説　社会編』平成29年7月、19頁より）

新学習指導要領では，全教科を通じて見方・考え方が重視されたが，従前においては必ずしも統一がとれていなかった。例えば同じ社会科にあっても，地理的分野では早くから「地理的な見方や考え方」がキーワードの一つをなしていた。因みに，分野目標に「地理的な見方や考え方（の基礎をつちかい）」の語が初めて登場したのは1969（昭和44）年版に遡る。また公民的分野でも，1977（昭和52）年版の内容の取扱いにおいて「政治，経済などについての見方や考え方の基礎」を養うことが，2008（平成20）年版の学習指導要領では，「現代社会をとらえる見方や考え方の基礎」として，対立と合意，効率と公正などの概念が提起された。そして，地理的分野や公民的分野では，それぞれの見方や考え方，あるいは概念的枠組みを生かした実践が報告されるなど，すでに現場にある程度根づきつつあることがうかがえる。しかし，歴史的分野では今回の改訂で初めて「歴史的な見方・考え方」が導入されたのである。それが現場の教員に納得的に理解され，地理や公民の場合と同じように日々の授業づくりに生かされるためには，なおしばらくの試行錯誤の時間と，それを踏まえた概念の再定義が必要かもしれない。

　筆者は必ずしも新学習指導要領の見方・考え方論に与する者ではないが，全国の教師に混乱をもたらさないためにも，そして日々の社会科授業をより深い学びにつなげるためにも，明快にこれを解釈し説明してみたい。社会的な見方・考え方の「働かせ方のイメージ」については，中教審答申の別添資料3－5に詳しく説明されている。まず，三分野それぞれにおいて「考えられる視点例」が示され，次いでそれらの視点に着目して考察したり構想したりする際の「問いの例」と，考察・構想した結果獲得される「知識の例」が関連づけて示される。一見すると，何やら新しいアプローチが求められるような錯覚に陥るが，よく見ると現状のやり方を追認していることがわかる。すなわち，地理・歴史・公民とも従前の内容を教える（基本的に減らさない）ことを前提にして，思考力（考察）や判断力（構想）を育てようと苦心している。その結果，説明が回りくどく例示も多くて，却ってわかりにくいのである。だからこそ大胆な解釈が求められてこよう。

3 見方・考え方をどう解釈すればよいか―見方・考え方の再定義―

　新学習指導要領の見方・考え方の解釈・再定義に当たって重視したのは，第一に地理・歴史・公民の教科書記述に象徴される教科内容を，あれもこれも教えるような現状を決して追認しないことである。つまり，教科内容を漏れなく教えて理解させることを前提にしないということである。大切なのは生きる力であり，それにつながる資質・能力だという点を前提にしたい。
　第二に，理論的に難解にしないことである。理論は体系的で魅力的だが，誰も活用できないといった方略では意味がない。その気になりさえすれば，誰にでも容易に実践できるわかりやすさを追求して，再定義に臨みたい。
　第三に，よりよい授業づくりに応用できるような再定義を目指したい。よりよい授業とは，前章で考察した探究としての学習につながる授業であり，その結果としてより高度の知識や技能の獲得につながる授業を指している。
　こうした点を考慮して，新学習指導要領の見方・考え方を筆者なりに解釈し，知識の構造とともにモデル化したのが次頁の図である。
　この図のポイントの第一は，見方と考え方を明確に区別したことである。しかも，視点と方法といった抽象的な区別ではなく，「見方」は社会的諸事象の存在（事実ないし現象）を把握すること，また「考え方」はその上で諸事象間の関係や意義を考察して一定の概念（理論）化を図るとともに，今後のあり方を構想して自らの価値や行動を決定すること（意思決定）と位置づけた。この考察・構想は，新学習指導要領の資質・能力のうち，思考・判断にそれぞれ対応する考え方として示されている。ただし，事実の把握に関わる社会的な見方を中心とした学習においても，問いを考察する点で変わりはないため広義の考察と位置づけ，考え方に関わる狭義の考察と区別した。
　ポイントの第二は，見方と考え方はそれぞれ具体的な問い（課題）と結びついて機能することを明確にした点である。例えば地理的な見方であれば，それはどこに位置するか，どのように分布するかと地理的事象の事実を把握

第3章

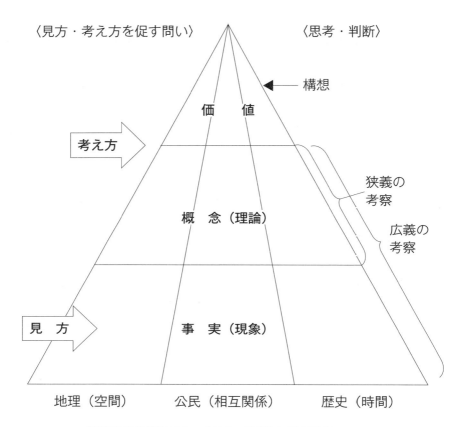

新学習指導要領の見方・考え方の解釈と知識の構造（筆者作成）

させる問いが、また地理的な考え方であれば、なぜそうした分布になるのか考察させたり、どういう分布が望まれるのか、そのためにはどうすればよいか構想させたりする問いが導かれる。歴史的な見方なら、その事件はいつ、どこで起こったかといった歴史的事実を求める問いが、歴史的考え方なら、なぜその時にそうした事件が起きたのかを考察させたり、その事件から現在のわれわれのあり方として何が示唆されるかを構想させたりする問いが考えられる。同様に、現代社会の見方ならば、商品の価格はどのようにして決まるのか、人々の社会的な願いはどのようにして叶えられるのかといった経済

や政治の事象を把握する問いが立てられ，現代社会の考え方ならば，なぜ市場（経済）が成立するのか，なぜ憲法や議会が必要とされるのかを考察させたり，健全な市場経済を維持するためにはどうしたらよいか，民主主義を持続的に機能させるために市民には何が求められるかを構想させたりする問いが立てられよう。

　ポイントの第三は，見方と考え方をこのように区分することにより，社会的事象を探究するための問いと，探究の結果として習得を目指す「知識やスキル」（内容知・方法知）が，階層的・構造的に捉えられることである。内容知はともかく，方法知としてのスキルはそれほど截然と階層（構造）化し得るものではないが，資質・能力の柱として知識・技能，思考力・判断力・表現力，情意・態度が位置づけられた以上，スキルや情意・態度に関しても一定の階層化を図ることが求められよう。当面，見方を働かせるレベルでは諸資料から情報を読解し記述するスキルが，また考え方を働かせるレベルでは探究の過程で仮説を設定したり検証したりして結果を説明するスキルと，価値や意思決定に関わって提案したり議論したりするスキルが考えられよう。

　これらのポイントを踏まえれば，社会的な見方・考え方は以下のように再定義できよう。学習指導要領の曖昧な定義から脱却して，見方・考え方を授業づくりに生かす上で，意義があるのではなかろうか。

○見方・考え方は内容知と方法知からなる教科内容と探究のための問いを階層化しつつ，目標に向けて学習の方向づけを図るツールである。
　・内容知は，事実的知識→概念的知識→価値的知識の三層構造をなす。
　・方法知は，情報の読解・記述→探究方法（仮説・検証）・説明→提案・議論の三層構造をなす。
○見方は主に事実（現象）を把握するツール，考え方は主に概念（理論）化と価値観形成（意思決定）を促すツールとして機能する。

見方・考え方を授業づくりに生かす方略
―カリキュラムの構造化―

1 授業づくりの方略としてのカリキュラムの構造化

　見方・考え方の再定義は，社会科の授業づくりにどう生かすことができるのだろうか。重要なのは，見方・考え方の階層性を踏まえて，目標・問い・授業過程を含むカリキュラムの構造化を図ることである。その全体像を構想する上で注目されるのが，今回の学習指導要領改訂の実質的ブレーンの一人と目される石井英真による「学校で育てる能力の階層性（質的レベル）を捉える枠組み」（中教審答申補足資料，121-122頁）である。その枠組みから，認知システムの部分を取り出して，教科内容の構造化を中心に筆者が修正を施したのが次頁の構造化モデルである。

　石井氏は，図式化の指標として第一に資質・能力の要素（目標の柱）―知識（技能を含む），スキル（認知的スキルと社会的スキルの2つに区分），情意（関心・意欲・態度・人格特性）―を横軸に置き，第二に能力・学習活動の階層レベル―知識の獲得と定着（知っている・できる），知識の意味理解と洗練（わかる），知識の有意味な使用と創造（使える）―を縦軸に位置づけた。筆者は基本的に石井氏の方法に倣いつつも，目標の柱を新学習指導要領の資質・能力に合わせるとともに，具体的な授業づくりを想定して知識と技能，思考・判断と表現を区分する欄（表中の破線）を設けた。そして，見方・考え方の再定義に基づき，学力のレベルのうち知識の獲得を見方として，意味の理解と活用・創造のレベルを考え方としてそれぞれ位置づけた。

　このカリキュラムの構造化モデルは，新学習指導要領に基づく授業づくりの方略，とりわけ評価規準のテンプレートとして用いることができる。

見方・考え方を生かしたカリキュラムの構造化モデル（筆者作成）

目標の柱 学力のレベル		知識	技能	思考・判断／表現	情意・態度
見方	知識の獲得 （知っている）	事実	情報読解	事実的思考・ 事実判断 記述	素朴な興味・共感 異なる見方への関心
考え方	意味の理解 （わかる）	概念	探究方法	理論的思考・ 推理 説明	文脈や根拠の吟味
考え方	活用・創造 （使える）	価値	提案	価値的思考・ 価値判断 議論・意思決定	自己の考え方の構築

　逆向き設計（バックワード・デザイン）に基づいて，まず主題に即した目標の構造化を行う。その際，社会的な「考え方」から「見方」に向かうことが重要である。すなわち概念（ないし価値）から事実へと向かう授業設計である。ただし，前章の探究としての学習に関連して言及したように，教師なり集団なりの価値観に収斂させるのではなく，あくまで自己の考え方の構築へと向かわせる必要がある。それが，情意・態度の欄に示した「自己の考え方の構築」の意図するところである。

　次に，目標の構造化を踏まえて問いの構造化を目指す。無論，問い（課題）の全てを事前に決定してしまうことはできないが，基本的な探究の論理を押さえておかないと，時に目標から外れてしまうことになるから留意したい。目標に向かう探究の筋道を自覚してさえいれば，その時々の生徒の発想を生かしながら，適宜軌道修正を図れるからである。

2 カリキュラムの構造化の具体的展開

目標の構造化

　カリキュラムの構造化モデルを踏まえ、単元レベルの目標を資質・能力の3つの柱に即して整理し、見方に関わる知識の獲得（知っている）レベル、考え方に関わる意味の理解（わかる）レベルと活用・創造（使える）レベルへと構造化を図ることが必要である。教科内容の構造化とは、到達目標（達成目標）の構造化をも意味する。従来、社会科の目標は方向目標的に記述されるのが一般的であった。特に、内容知に関わる知識理解目標にはその傾向が強かった。一例を示そう。

・アジア州の地形や気候の特色について説明できる。
・明治政府が沖縄や北海道に対しどのような政策をとったかを理解させる。
・日本国憲法の三大原則を理解し知識を身につけている。

　方向目標とは文字通り一定の方向を示す目標である。上の事例には、アジアの地形や気候という方向、明治政府の沖縄・北海道政策という方向、日本国憲法の三大原則という方向は示されている。しかし、アジアの地形や気候、明治政府の沖縄・北海道政策、日本国憲法の三大原則を具体的にどう捉え、説明できればよいのか、中身が全く示されていない。一種のブラックボックスになっているわけである。この実質的な中身を明示し、いわば「見える化」を図ったのが到達目標（達成目標）だといってよい。それゆえ、1行で簡単に記述するわけにはいかない。試みに日本国憲法の三大原則を、到達目標として示してみよう。

〇日本国憲法は国民主権、基本的人権の尊重、平和主義を三大原則とする。
　・国民主権とは、政治のあり方を最終的に決める力が国民にあることを指

す。
・基本的人権の尊重とは，人間が人間らしい生活をする上で，生まれながらにしてもっている権利を尊重することであり，個人の尊重，平等権，自由権，社会権などが保障されることを指す。
・平和主義とは，戦争を放棄し，戦力を保持しないことや，国が戦争を行う権利を認めないことなどを指す。

　到達目標化してみると，社会科ではいかに多くの事実的知識を教えているかがよくわかる。生徒に単なる事実の暗記ではなく概念の意味や機能の理解を求めるのなら，学習内容を精選・吟味し，生徒の関心のある問いや教材を準備して学習活動を組織することの意義が了解されてくる。また，目標を構造化することにより，事実から概念へ，さらに価値へと知識の質的な高まりを捉えることが可能になり，深い学びを生むことにもつながってこよう。
　また，知識・技能のみならず，思考力・判断力・表現力や情意・態度も構造化が必要である。先の構造化モデルでは，思考力・判断力を〈事実的思考・事実判断→理論的思考・推理→価値的思考・価値判断〉と，表現力を〈記述→説明→議論・意思決定〉と階層化した。また，情意・態度は観点別評価では主体的な学習態度に焦点化されているが，主体性を客観的に評価するのは難しい。そこで，社会科固有の学習内容や探究を考慮して，〈素朴な興味・共感，異なる見方への関心→文脈や根拠の吟味→自己の考え方の構築〉と階層化してみた。これであれば，ワークシートや振り返りカードの記述から，客観的なデータに基づく評価が可能になろう。
　これはあくまで筆者の構想したモデルであり，仮説に過ぎない。それゆえ，実践による吟味と評価が必要なのはいうまでもない。

問いの構造化
　社会科の授業づくりにおいては，前項で指摘した目標の構造化，特に内容知の構造化と対応させつつ，単元レベルでの問いの系列化，構造化を図るこ

とがきわめて重要である。問いの構造化が達成できれば、授業過程の見通しもほぼついたことになる。それくらい問いの構造化には意義がある。

　だが、そもそも目標の構造化・命題化ができるということは、問いの構造化ができることと同義である。なぜなら、命題とは何らかの問いに対する回答としての説明を意味するからである。例えば、「愛知県の県庁所在地は名古屋市である。」という命題（事実的知識）は、「愛知県の県庁所在地はどこか。」という問いに対する回答であるし、「義経が無断で朝廷から官位を受けたため、頼朝は義経を討った。」という命題（説明的知識）は、「なぜ頼朝は義経を討ったのか。」という問いに対する回答である。また、「原発は事故の危険性や放射性廃棄物の長期にわたる蓄積という点から廃止すべきである。」という命題（価値的知識）は、「原発の存続についてどう考えるか。」という問いへの回答である。つまり、主題の探究過程に即して知識を系列化・構造化するとともに、問いの系列化・構造化を図ることで、問いと知識の関係が明確になり、授業過程の見通しも立ってくるのである。その際、知識の質的差異に応じた問いの質的差異にも着目する必要がある。それが問いの構造化の意義である。問いの構造化の方法（レベル）を単純化して示せば、次のようになる。

・単元（テーマ）レベルの上位発問（主発問）　　　MQ：Main Question
・小単元レベルの中位発問（主発問を導く副発問）　SQ：Sub-Question
・授業レベルの下位発問（副発問を導く副々発問）　SSQ：Sub-Sub-Question

授業過程の設計

　目標と問いの構造化を踏まえて、段階的に目標を達成するためには、授業過程の工夫が必要である。それは、〈①事実を知って課題を発見する過程、②課題の探究を通して概念を理解する過程、③習得した概念と探究に用いた方略を総合して、社会生活や具体的事例に働かせる過程（価値判断・意思決定等）〉という展開を基本に設計することになろう。

　社会科の学習は探究としての学習でなければならないが、それは事実認識

を踏まえた概念の探究が基本となる。探究によって習得する概念は，一つの社会的事象を説明する仮説の場合もあれば，複数の仮説を組み合わせて説明するモデルの場合もある。なお，モデルとは，「仮説の複合体」に他ならない（高根正昭『創造の方法学』講談社現代新書，1979年）。また主題や教材によっては，探究としての学習の上に，よりよい社会形成を意図した価値判断や意思決定を位置づける必要も出てこよう。それは岩田一彦の見方・考え方論が示唆した通りである。だが，そのためにはまず社会的な考え方を想定しておかねばならない。一定の主題に関して生徒にどのような概念を探究させ，意思決定を迫るのかを特定する必要がある。その上で，その学習に必要な社会的な見方として，どのような事実を選択すればよいかを考えて教材の選択を行うのである。

最後に，見方・考え方を生かした授業づくりのイメージを図示しよう。

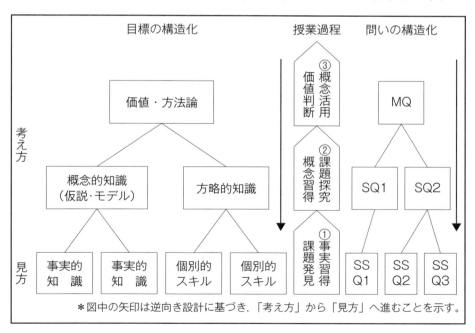

見方・考え方を生かした社会科授業づくりのイメージ（筆者作成）

見方・考え方と教材・教具

　先に新学習指導要領の見方・考え方の再定義を図ったが，地理的な見方・考え方が「**空間**」，歴史的な見方・考え方が「**時間**」，現代社会の見方・考え方が「**相互関係**」をそれぞれ基本概念にするという点で違いはない（本書50頁の図を参照のこと）。では，これらの概念ないし視点を生かした社会科の授業づくりにおいて，教材や教具はいかなる役割を果たすのだろうか。

　授業に教材は不可欠だが，探究としての学習の要件の一つに，教材の切実性を先に指摘した。生徒に真正の学びを促す上で，何よりも教材が学習に具体性とリアリティをもたらし，内発的動機づけにつながるからであった。しかし，教材は単なる動機づけを越えて，授業を通して多様な問いを誘発し，生徒の思考を活発化させる点でも重要な役割を果たす。その意味で，見方・考え方を生かした授業づくりと教材・教具の関係は考察に値する。

1　地図と年表——教材から隠れたカリキュラムへ——

　上述の通り，社会的な見方・考え方のうち，地理的な見方・考え方の中心概念は「空間」である。地理学習では，校区レベルの身近な地域から市町村，都道府県，東海地方・中部地方といった国内の地域，日本，東アジア，ユーラシアといった国家を越えた地域まで多様なスケールの空間を扱う。それぞれの空間の特色を意味づけたり，空間同士を比較したり関連づけたりする上で，最も重要かつ不可欠な教材が地図であろう。因みに，今次学習指導要領改訂では，従来まで小学校第4学年からの使用となっていた地図帳（教科用図書「地図」）を，第3学年の社会科の開始とともに使用することになった。それだけ教材としての地図の有用性が認識されたということであろう。

また，歴史的な見方・考え方の中心概念は「時間」である。歴史学習では世界の古代文明や宗教のおこり，日本列島における国家形成から現代の日本と世界に至るまで，大小様々な時代（時期・年代）区分に従いながら時間の推移を扱う。出来事の前後関係や因果関係，変わっていくものと変わらないもの（変化と継続），時代の転換点などを考察する上で，また日本と世界の同時代史的な比較や関連を考察する上で，年表の使用は不可欠であろう。地図と同様，年表にも多様な形やスケールのものがある。扱う主題や用途に応じて，適切な年表を選択することが目標を達成するためにも重要になる。

　このように，地図や年表が社会的な見方・考え方を生かした授業づくりにおいて重要な役割を期待されるのはいうまでもないが，それと並行して，隠れたカリキュラム（the hidden curriculum）としての地図や年表の意義にも注目したい。地理の授業で地図を使うから地図帳を開かせ，歴史の授業で資料集の詳細な年表に着目させるのは当然のことである。しかし歴史の授業や公民の授業でも教室に日本地図や世界地図が掲げてある。あるいは，歴史の授業に直接関係なくても教室の掲示板に日本と世界の関連年表が貼ってある。そうした環境で学ぶことは，とても大事なことではなかろうか。放課の間に何気なく年表を見る，友達と地図を見ながら珍しい名前の都市を探し合う。あるいは授業中に出てきた国の位置を地図でそれとなく確認する。そうした日常的な行為の積み重ねが，空間認識や時間意識を育む上で大きな効果を生むことは間違いない。隠れたカリキュラムのプラス効果といってよい。

2 関係を表す図式—教材から思考のツールへ—

　現代社会の見方・考え方の中心概念をなすのは「相互関係」である。人と人，人と物，人と制度，制度と制度等の関係を考察・構想する上で，多様なチャート，ベン図，ウェブ図，マトリクスなどからなる図式や図解の果たす役割は大きい。例えば公民的分野の学習で，企業活動の仕組みや金融政策との関係を言葉で説明しようとすると，大抵の場合は複雑で抽象的になりがち

であるが、それぞれを模式化してチャート等の図で表現すると、生徒の理解は格段に容易になろう。大人でさえ、何か新しいことを理解しようとする際、ぎっしり文字で説明されている資料より、絵図や図解入りの資料を選択するのではないか。生徒も同じであろう。

このように図式や図解には伝えたいこと、教えたいことを一定程度単純化してわかりやすくする機能があると同時に、学習の過程で学習内容を整理・要約したり、自らの思考過程や理解度を振り返ってチェックしたりする機能もある。この後者の機能を、シンキング・ツール（思考のための道具）ないしグラフィック・オーガナイザー（考えの整理を助ける図式）という。米国の社会科教科書には「スキルビルダー」という付録がついており、その中には多種多様な資料や図式、グラフ等の読解の仕方を説明したグラフィック・オーガナイザーという項が含まれるのが常である。米国では思考を促すための道具の開発や実践をいかに重視しているかがうかがえよう。

見方・考え方を生かして探究させるのも、最終的には資質・能力の中核をなす思考力・判断力・表現力を培うためである。図式の活用は、思考力・判断力だけでなく表現力（プレゼンテーション能力）の育成にも有効であろう。

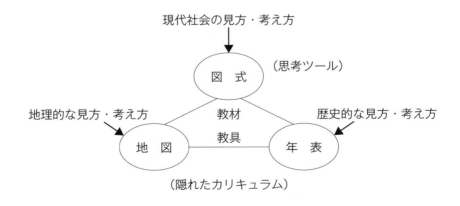

社会的な見方・考え方と教材・教具（筆者作成）

3 主たる教材としての教科書―教科書で教えることの再確認を―

　社会的な見方・考え方を生かす上で，地図，年表，図式の果たす意義について述べたが，もとより社会科の授業がそれらの教材だけで成り立つわけではない。地域や生徒の実態に応じた教材を，教師が独自に収集・開発できればそれに越したことはないが，多忙であったり校区の事情に疎かったりすれば，なかなかそれも難しいのが現状であろう。その点，最近の小学校や中学校用の社会科教科書はどの社のものもよくできており，使いこなさない手はない。特に豊富な写真，地図，絵画，図表等，教材が豊富に掲載されているし，節や章毎に生徒のアクティビティが指示されており，日々の授業づくりの参考にしたい。

　ただし，あくまで教科書は「教育課程の構成に応じて組織排列された教科の主たる教材」（教科書の発行に関する臨時措置法第2条）であって，教育内容ではないことを確認したい。言い古された言葉だが，教科書を教えるのではなく教科書で教えるのである。おそらく新学習指導要領に準拠した教科書では，見方・考え方を意識した問い，深い学びにつながる諸資料，真正の評価を可能にする学習課題などが掲げられるであろう。それらを上手く使いこなすためにも，教師自身に見方・考え方を生かす授業づくりへの意欲とノウハウが求められる。どんなによくできた教科書でも，教科書に使われてしまっては，カリキュラム・マネジメントも台無しになろう。

　社会科授業づくりの3つの基本原理を踏まえて，まず主題に即して働かせるべき見方・考え方を同定する。次いで，①目標の構造化と評価規準づくり，②探究としての学習を促す問いの系列化，③生徒の真正な学びを通して問いと目標を結びつける教材の選択，を一体的に進める。そして，それらを課題発見・仮説の設定・課題解決という一連の探究的授業過程として組織する。まずできるところから着手したい。一番大事なのは，教師自身が生徒とともに探究したい教材を選び，楽しみながら授業づくりに取り組むことである。

社会科授業づくりの要点整理

1 授業づくりの基本原理（第2章1）

1 **単元レベル**でカリキュラムを構想・開発する
2 **逆向き**に（ゴールと評価の方法を決めてから活動へ）授業を設計する
3 生徒に**真正の学び**を促す「探究」として授業を組織する

2 社会科授業の基本型（第2章2・3）

学習の要件　1　学習の主体性　2　教材の切実性　3　内容の本質性・科学性

探究としての学習過程

1　スパイラルな連続的過程

　課題発見　→　課題追究　→　課題解決　→　新たな課題

2　**事実から価値**へと向かう過程

What?（何かな）
When?
How?（どうなっているの）
Where?
Who?
→　Why?（なぜそうなの）　→　What should I (we) do?（どうすればいいの）

3 見方・考え方の基本原理（第3章1）

指導要領の定義	1	見方・考え方は教科固有の視点と方法
	2	社会的な見方・考え方の基本は，**空間・時間・相互関係**
筆者の再定義	1	見方・考え方は目標に向けて教科内容の構造化を促す
	2	見方は**事実把握**，考え方は**概念理解**と**価値観形成**に関わる

4 見方・考え方を生かした社会科授業づくりの方法（第3章2・3）

1　社会科授業づくりのテンプレート：カリキュラムの構造化モデル
2　構造化のプロセス：目標・問いの構造化，授業設計，教材・教具

第4章

地理的分野の
ポイントを押さえた授業づくり

CHAPTER
4

第4章

地理的分野の授業づくりの基礎基本

1 地理的な見方・考え方の活用

　地理学習では今更ながらの感もあるかもしれないが，地理的な見方・考え方を生かした授業づくりに，気持ちも新たに取り組むことが基本中の基本である。改めて，2008（平成20）年版の『解説』（1998（平成10）年版の『解説』と同じ文章）から，地理的な見方や考え方の基本を確認しておこう。

〈地理的な見方の基本〉

　　どこに，どのようなものが，どのように広がっているのか，諸事象を位置や空間的な広がりとのかかわりでとらえ，地理的事象として見いだすこと。また，そうした地理的事象にはどのような空間的な規則性や傾向性がみられるのか，地理的事象を距離や空間的な配置に留意してとらえること。

〈地理的な考え方の基本〉

　　そうした地理的事象がなぜそこでそのようにみられるのか，また，なぜそのように分布したり移り変わったりするのか，地理的事象やその空間的な配置，秩序などを成り立たせている背景や要因を，地域という枠組みの中で，地域の環境条件や他地域との結び付きなどと人間の営みとのかかわりに着目して追究し，とらえること。

　第3章1の3（49頁）で解釈したように，地理的な視点から諸事象の事実を把握した上で（地理的な見方），その背景や要因を追究すること（地理的な考え方）が，地理的分野の学習の基本になることを確認しておきたい。なお，地理的な視点とは，分野目標の(2)に示された〈位置や分布，場所，人間と自然環境との相互依存関係（地人相関），空間的相互依存作用，地域〉

の5つを指している。これは，国際地理学連合地理教育委員会による「地理教育国際憲章」（1992年制定）における地理学研究の中心的概念（5大テーマ）に基づいており，世界的に共通の視点ということができる。

2 動態地誌による日本の諸地域学習

地理学習の内容は，地理学の区分に従って，一般に系統地理（自然地理・人文地理）と地誌に分けられる。地理的分野の場合，1998（平成10）年版学習指導要領―授業時数の削減に伴う学習内容の厳選と学び方学習により地誌は大きく後退した―を例外として，地誌的学習が内容の中心を占めてきた。

ただし，七（八）地方区分に基づく日本地誌の学習では，それぞれの地方区分毎に，自然（地形，気候），産業，人口，交通などの観点に従って学習する，いわゆる窓方式をとり，事典的で羅列的な学習に陥りがちであった。そこで，1998年版学習指導要領が「ゆとり教育」により学力が低下すると批判され，「確かな学力」路線へとシフトする中で登場した2008（平成20）年版の学習指導要領では，再び地誌的学習が復活することになったが，それはかつての静態地誌的学習とは異なり，動態地誌的学習と称された。

その特質は日本の諸地域学習に顕著に表れており，「地域の特色ある事象や事柄を中核として，それを他の事象と有機的に関連付けて，地域的特色を追究する」（2008年版の内容の取扱い）方法を指している。中核とすべき事象や事柄として，自然環境，歴史的背景，産業，環境問題や環境保全，人口や都市・村落，生活・文化，他地域との結びつきの7つが示された。これらの事象や事項から1つを選択し，それを中核として地域の特色に迫るやり方である。このいわゆる中核方式による動態的地誌学習は新学習指導要領にも継承された。特に，内容Cの「(3) 日本の諸地域」がそれに該当する。しかし，中核とすべき事項として挙げられる事項は，自然環境，人口や都市・村落，産業，交通や通信，その他の事象となっており，従前との間に若干の異同が見られる。

新しい地理の内容を踏まえた授業づくりのポイント

　新しい地理の内容を踏まえた授業づくりのポイントは以下の3点である。
　第一に、地理的分野の授業時数は現行の120時間から115時間へと5時間削減されたが、現行学習指導要領の教育内容は原則として減らさないことになっているため、関連づけ可能な内容はひとまとめにするなど、メリハリをつけた年間指導計画や単元指導計画の作成が必要になる。小手先の対応では限界があるのは目に見えており、教科書の構成に従って教えるやり方から、テーマ毎に自らの判断で単元を開発するやり方へと方針転換が迫られよう。
　第二に、地理的分野の学習では、A「世界と日本の地域構成」、B「世界の様々な地域」、C「日本の様々な地域」のどの大項目においても、取り扱う地域のスケールにより縮尺の小さい地図から縮尺の大きい地図まで、また用途に応じて基本図から主題図まで多様な地図を教材として取り扱う。特に、Cに新設された「(1) 地域調査の手法」では、地形図や主題図の読図、目的や用途に適した地図の作成などの技能習得をねらいとして、学校周辺の地域を取り上げることとされている。防災、人口の偏在、産業の変容、交通の発達等、地域の実態に応じた主題を設定して実施することから、教材としていかなる地図を選択するかは学習の成否を決定するほど重要になる。
　第三に、C「日本の様々な地域」の学習においては防災の視点が強調されている。防災学習は重要だが、小学校の社会科でも学習され、また総合的な学習の時間や特別活動などでも扱うことが予想されることから、地理学習ならではの視点と方法を明確にして取り組む必要がある。また、新設項目の「(4) 地域の在り方」では、地域の結びつきや地域の変容とともに持続可能性に着目することが明示されており、少子高齢化の著しい地域の将来像について、それぞれの地域の実態を踏まえて考察、構想させたい。

地理的分野のポイントを押さえた授業づくり

3 世界の諸地域の授業づくり
—「オセアニア州」—

1 「世界の諸地域」の新学習指導要領での位置づけ

　世界の諸地域の学習は，新学習指導要領においても従前と同様，「各州に暮らす人々の生活の様子を的確に把握できる事象」を基に，「主題を設定」して行うことになっている。今回の改訂では，さらに「そこで特徴的に見られる地球的課題と関連付けて取り上げる」とともに，「取り上げる地球的課題については，地域間の共通性に気付き，我が国の国土の認識を深め，持続可能な社会づくりを考える上で効果的であるという観点から設定すること。」（内容の取扱い）とされていることに留意したい。

　ここでは「オセアニア州」を取り上げ，新学習指導要領の趣旨を生かした授業づくりの事例を示す。最初に次の３点を断っておきたい。第一に，あくまで机上のプランであり実践を経た提案ではないこと，第二に通常の教科書を手がかりにしながらも教科書構成にとらわれない授業づくりを目指すこと，第三に紙幅の都合と著作権等との関連で重要な資料や地図であっても割愛せざるを得ないことである。

2 教科書における「オセアニア州」の扱い

　教科書ではオセアニア州をどのように扱っているのだろうか。主な４社の教科書（平成27年３月検定済）から，項目名を抽出すると次頁のようになる。どの社のものも見開き２頁を１時間で実施すれば規定の授業時数でほぼ完結するよう工夫されており，オセアニア州については写真で州の特色を大観す

A社	(1) オセアニアをながめて　(2) 多文化主義の社会を目ざして (3) アジアとつながるオセアニア
B社	(1) オセアニア州の自然環境　(2) 移民の歴史と多文化社会への歩み (3) 海外と結びついたオセアニアの産業　(4) 強まるアジアとの結びつき
C社	(1) オセアニア州をながめて　(2) 資源によるアジアとのつながり (3) 人々によるアジアとのつながり
D社	(1) オセアニア州の自然環境　(2) オセアニア州の人口，民族，産業 (3) 変化する先住民族と移民の社会　(4) 強まるアジア州との結びつき

る頁と，まとめの振り返りの頁を除けば，自然環境，歴史と文化（白豪主義から多文化主義へ），資源と産業（海外とのつながり，特にアジアの国・地域との結びつきの強まり）を中心とした記述になっている。

また，学習課題（問い）については，ほとんどが「どのような（特色・影響・点）」の問いからなっており，地域の視点から地理的事象を見出す「見方（地理的な見方）」のレベルに留まっており，そのままでは生徒の探究を促す問いになりにくいことがわかる。もちろん，まずは事象を把握させ，その後に課題を発見させるのが常道であるが，その場合の課題は「考え方（地理的な考え方）」につながる「なぜ？」の問いを基本としなければならない。

3 「オセアニア州」の教材解釈と学習課題

オセアニア州に関連する「なぜ」疑問として，どんな問いが考えられるだろうか。上記の各社教科書の項目名を参照すると，オセアニア州を特色づけるキーワードとして「結びつき（つながり）」が浮き彫りになる。そこで，試しに結びつきの語を「なぜ」疑問とドッキングさせてみると，以下のようになる。

・なぜオセアニアに距離的に遠い英国系の人々が住み着いたのか。
・なぜオセアニアに諸外国の移民がやってきたのか。
・なぜオセアニアの産業は海外と結びついたのか。
・なぜオセアニアはアジアの国や地域と結びついたのか。

　何とかなりそうな気もするが，まだどうもしっくりこない。やはり，小手先の問いでは駄目である。「なぜ」疑問を成立させるには，その問いを探究した結果習得される地理的な考え方が，オセアニア州を通して現代社会の在り方を説明できるような概念であったり，学習指導要領の内容の取扱いに示された地球的課題について構想させるような価値につながったりしなければならない。そうした点に留意して教科書を読むと，オセアニア州の中心を占めるオーストラリアが英国系の移民の国であり，1970年代の初めまで白豪主義と称される移民制限をしていたこと，それが多文化主義に政策転換されたことでアジアとの結びつきが強まったことがわかる。そこから，次の「なぜ」疑問が導かれる。

> なぜオーストラリアは白豪主義から多文化主義へ政策を転換したのか。

　この問いは，オセアニア州の現状の説明のみならず，地球的課題の考察につながるとともに，少子高齢化の著しい日本にとっても持続可能性の観点から移民政策を構想する上で有効な問いといえよう。

4　評価規準の作成—カリキュラムの構造化モデルの活用—

　目標としての学習内容＝資質・能力の確定については，第3章2の1で考察したカリキュラムの構造化の方法を踏まえて，評価規準を作成する。なお，紙幅の都合でテンプレートとして活用するカリキュラムの構造化モデルを簡略化するが，基本的な趣旨は変更していない。知識，思考・判断，情意・態度を中心にし，思考・判断については，到達目標としての知識を獲得させる

問いの形式で，また技能と表現はそれぞれ（　　）で示すことにする。

	知　識（技能）	思考・判断（表現）	情意・態度
知っている	・英国系移民の国の豪州は当初，白豪主義で移民を制限していた。 ・豪州は1970年代に多文化主義政策に転換した。 ・豪州は近年，経済・観光等でアジアとの結びつきを強めている。 （教科書や資料から読み取る）	豪州はどのようにしてできた国か。労働力をどうやって確保したか。1970年代の政策転換はどのようなものか。その結果，豪州はどう変化したか。 （調べたことを記述する）	主題となる豪州に素朴な関心や疑問をもつ。
わかる	豪州は欧州からの白人移民を確保できなくなり，経済成長著しいアジア諸国との関係を強化するために，白豪主義から多文化主義へと大きく転換した。 （資料等から推論する）	豪州はなぜ白豪主義から多文化主義に政策を大きく転換したのか。 （考えたことを論理的に説明する）	合理的根拠に基づいて推理し，説明しようとする。
使える	異なる文化をもつ多様な人々との共存は現代世界の多数派に支持される価値であり，労働力確保の点でも多文化主義政策は一つの重要な選択肢となっている。	豪州の多文化主義政策をどう評価するか。日本にとって学ぶべき点はあるか。あるとすれば何か。 （議論に参加し，論述する）	多文化主義への自分なりの考えを構築する。

　通常の評価規準のように，教科書を基に形式的に文章化するのではなく，3つの資質・能力を到達目標として命題化した。特に情意・態度面については，関心・意欲・態度が主体的な学習態度へと変わったことから，これまで以上に印象論的な評価に陥ることが懸念される。本評価規準ではそれを避けるため，思考・判断・表現の活動に主体的に関与する態度と捉えて作成した。

5 単元指導計画の作成

〈小単元名〉 「アジアとの結びつきを強めるオーストラリア」（4時間）
〈小単元のねらい〉
　オセアニア州の中で日本と経済的にも深いつながりをもつオーストラリアを取り上げて，白豪主義から多文化主義への政策転換の背景や理由を考察し，少子高齢化の深刻な日本が学ぶべき点について構想する。
〈小単元の構成〉
(1) オセアニアの大観とオーストラリア　　　　　　　　　　（1時間）
(2) 白豪主義から多文化主義に転換するオーストラリア　　　（1時間）
(3) 経済に見るオーストラリアのアジア化　　　　　　　　　（1時間）
(4) オーストラリアと日本　　　　　　　　　　　　　　　　（1時間）
　　―日本はオーストラリアの多文化主義政策から何を学ぶべきか―

6 授業の展開

第1時

問1　オセアニアの地図を見て，気づいたことを発表しよう。

◇生徒の反応・発言
　海（太平洋）が広がり，多数の島々がある。オーストラリアはでっかい。日本の南方に位置する。南北アメリカ大陸とアジア大陸に挟まれている，等。
◆教師の説明
　オセアニアとは英語のオーシャンと同じく大洋を意味する。16世紀初頭にポルトガルの航海者マゼラン一行が，スペイン艦隊を引き連れ荒れ狂う大西洋を乗り越えて南米大陸の先端（マゼラン海峡）を抜けると急に静かになっ

第4章

たため、この海を太平洋（パシフィック・オーシャン）と名付けたという。
　それから250年後、英国の海軍士官で探検家のジェームズ・クックは3度の太平洋横断航海に乗り出し、タヒチ島、ニュージーランドをへてオーストラリア東海岸に到達した。そしてそこを英国領と宣言したことから、英国人が入植することになる。クックはまたハワイ諸島にも到達したが、マゼランがフィリピンで戦死したのと同様、ハワイで先住民と争い戦死している。

問2　オセアニアには大陸国のオーストラリアを除いて15か国があり、それらは3つのネシア（島々）に分類される。それぞれのネシアとそれらに属する主な国を地図帳で確認してみよう。

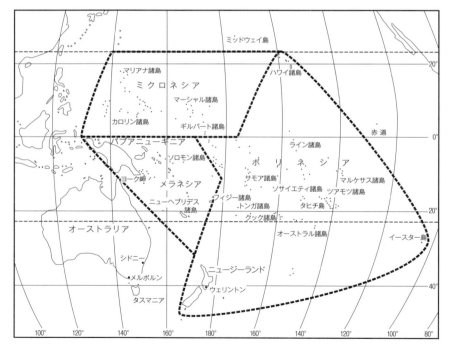

オセアニア地域区分図

◇生徒の反応・発言
　ミクロネシア，ポリネシア，メラネシアがある。
◆教師の説明
　ミクロネシアは「小さな島々」という意味で，パラオ，ミクロネシア連邦，マーシャル諸島，ナウルなどが，ポリネシアは「多くの島々」を意味し，ニュージーランドとモアイ像で有名なイースター島（チリ領）とハワイ諸島を結ぶ三角形で囲まれた海域の島々を指している。サモア，ツバル，トンガなどが含まれる。メラネシアは「黒い島々」の意味で，元来は皮膚の黒い人々が住む地域とされたが，現在は民族学的に否定されている。パプアニューギニア，フィジー，ソロモン諸島などがある。この他，現在でもなおアメリカ領（グアム島，サイパン島）やフランス領（ニューカレドニア島，タヒチ島）として残る島もあり，日本人等の観光客が多数訪れている。

> 問3　クックが英国領と宣言したオーストラリアは，その後どのように発展したのだろう。先住民とはどのような関係だったのだろうか。教科書や資料集を見てまとめてみよう。

◇生徒の反応・発言
　オーストラリアは英国からの移民によって開拓が進められ，1970年代初めまでヨーロッパ以外からの移民は制限されていたが，1970年代以降移民政策が変更され，アジア各地からの移民が増加し，様々な文化を互いに尊重し合う多文化社会へと変化した。それに伴いアボリジニーを中心とする先住民も多文化社会の一員として認め，その社会的・経済的地位の向上に努めている。
◆教師の説明
　18世紀後半にオーストラリア大陸の東部を植民地化した英国は，本国から流刑囚を移送して開拓に乗り出し，先住のアボリジニーを駆逐しながら内陸の開発を進めた。19世紀に牧羊業とゴールドラッシュにより移民が急増し，特に低賃金の中国人移民が増大すると，白人以外の移民を制限する動きが活

発になり、白豪主義（白人主体のオーストラリア）政策が完成していった。しかし、1970年代になると、労働党政権の下で移民制限が撤廃され、さらには人種差別禁止法が制定されて白豪主義は廃棄され、アジア系移民を含む多様な人々との共存を図る多文化主義政策が推進されるようになった。

> 問4　なぜオーストラリアは、白豪主義から多文化主義へと政策を転換したのだろうか。

◆◇本単元の学習課題を確認する。

第2時

> 問1　なぜオーストラリアは、白豪主義から多文化主義へと政策を転換したのだろうか。予想して、自分の考えを発表しよう。

◇生徒の反応・発言
・白豪主義への世界の人々（国連も含む）の反発が強まったのではないか。
・オーストラリアの国民が、有色人種との共同生活を嫌がらなくなったのではないか。
・多文化主義に変えた方がメリットがあると考えたのではないか。例えば経済成長とか貿易面でのアジアとのつながりとか…等。

> 問2　資料「外国生まれのオーストラリア人の出身地の内訳」を見て、20世紀の前半の出身国が英国とアイルランドに集中しているのはなぜか、教科書や資料集を手がかりに考えよう。

◇生徒の反応・発言
　英国の植民地だったから…等。

◆教師の説明
　オーストラリアは1901年に英国から独立したが，かつての大英帝国領のうち，英国系白人が人口の主体となったカナダ，オーストラリア，ニュージーランド，南アフリカ，アイルランドは独立後もイギリス連邦として協力し合う関係にあった。また，いずれも英語圏であったことが大きく影響している。現在もオーストラリアの国家元首は英国王（エリザベス2世）である。

> 問3　同じ資料から，多文化主義へと政策転換がなされた1980年代以降，オーストラリアの人口に占める出身地の割合はどう変わっただろうか。

◇生徒の反応・発言
・グラフのアジア出身者が増えている。
・グラフのオセアニア出身者も増えている。
・グラフのその他の出身者も増えている…等。

◆教師の説明
　アジアではインドと中国が多く，東南アジア諸国がそれに続く。また，オセアニア出身者とは，オーストラリア以外の3つのネシアの人々を指し，その他として多いのはアフリカの出身者である。

> 問4　このグラフでもう一つ注目してほしいのは，英国・アイルランド以外のヨーロッパ出身者である。彼らについては，何がわかるだろうか。

◇生徒の反応・発言
・1947年まではごくわずかだったのが，1961年から急に増えている。
・1971年以降はほとんど割合が変わっていない…等。

◆教師の説明
　オーストラリアは第二次大戦後，経済成長と国土防衛のため人口増加政策をとって移民の大量導入を計画したが，期待する英国・アイルランドからの

第4章

移民は少なかった。そこで，東欧・南欧からの移民受け入れを増やすことにし，それまで移民に課していた英語の書き取りテストを廃止した。しかし，ヨーロッパの戦後復興が軌道に乗ると，遠く離れたオーストラリアへの移住の魅力が減少して，非英語圏のヨーロッパ系移民の数も頭打ちになった。

> 問5　なぜオーストラリアは，白豪主義から多文化主義へと政策を転換したのだろう。ここまでの学習を踏まえて推理し考えを説明してみよう。

◇生徒の反応・発言

　ヨーロッパからの移民が増えず，労働力の確保が難しくなったから…等。

◆教師の説明

　英国がECに加盟し（1973年）西欧諸国との経済連携を強めたことも影響している。またアジアでの日本の経済成長や，続く台湾，香港，シンガポール等の経済発展の影響を受けて，アジア重視へと政策を転換した（アジア化）ことが大きい。さらに，アメリカ側に立って参戦したベトナム戦争の敗北で，1970年代後半に大量のインドシナ難民を受け入れたことも，結果的にアジア人の割合を増加させ，オーストラリアの多文化化を一層促進した。

第3時

> 問1　前時は，オーストラリアが多文化主義に舵を切った理由として，主に移民（労働力）の確保が大きかったこと，また結果的にオーストラリアの「アジア化」が進んだことを学習したが，本時はオーストラリアとアジアを含む世界との関係を学習しよう。

◆◇前時の学習内容を簡潔に振り返り，本時の学習課題を共有する。

> 問2 ところで現在のオーストラリアは先進国だろうか，それとも発展途上国だろうか。

◇生徒の反応・発言
・豊かそうだから先進国だろう。
・発展途上国かもしれない…等。

> 問3 先進国とはどんなイメージか。そもそも先進国と発展途上国とは何を基準に分けられるのだろう。

◇生徒の反応・発言
　生活程度が高い国。経済や技術が進んだ国。政治体制が安定した国，等。
◆教師の説明
　教科書や資料集の解説を要約すると，日本や米国，欧州諸国のように早くから工業が発達し技術的にも経済的にも進んだ国を先進国，欧州諸国の植民地だった東南アジアやアフリカの国々など，農業や鉱業が中心で工業はまだ開発途中にある国を発展途上国というが，明確な基準はない。

> 問4 教科書から，オーストラリアの産業の特色を調べてまとめ，わかったことを発表しよう。

◇生徒の反応・発言
・牛や羊の飼育，小麦や野菜の栽培が盛んな農業国である。
・鉄鉱石や石炭，ボーキサイトなどの鉱産資源が豊富である。
・輸出品はかつて羊毛や小麦が主で，今は鉄鉱石や石炭が主である。
◆教師の説明
　オーストラリアはレアメタルや天然ガスを含む鉱産資源輸出を第一にする

国で，工業はそれほど盛んではなく，自動車産業がないことが一例に挙げられる。その点で教科書の解説では発展途上国に近くなるが，オーストラリアを途上国と見なす国はない。日本の内閣府は，OECD（経済協力開発機構）加盟国の内，1人当たりGDPが1万米ドル以上の国を先進国と位置づけており，2016年のデータではオーストラリアは5万2千ドル近く，世界第11位の先進国である。なお，日本は3万9千ドル程で世界の22位になる。

> 問5　オーストラリアは鉱産資源や農産物をどこに輸出し，必要な工業製品等をどこから輸入しているのだろう。また，50年前と比べてどう変化しただろう。地図帳のグラフ「貿易相手国の変化」を見て答えよう。

◇生徒の反応・発言
・1970年の輸出先は日本・米国・英国の順，輸入先は米国・英国・日本の順。
・2013年の輸出先は中国・日本・韓国の順，輸入先は中国・米国・日本の順。

◆教師の説明
　資料集のグラフ「オーストラリアの貿易相手国の変化」には取引相手の変化が貿易額で表されている。1965年には英国が第1位であったのが，1985年には日本が第1位（英国は第3位）となり，2005年には英国がグラフから消え，2013年には中国が第1位となっているように，オーストラリアのアジア化は貿易面で顕著に表れている。

第4時

> 問1　前時は，オーストラリアが先進国として高いGDPを保つ背景に，豊かな鉱産資源の輸出があることを学習し，多文化主義政策によるアジア化を貿易の面から確認したが，本時はオーストラリアと日本の関係や，日本がオーストラリアから学ぶべきことを考えてまとめにしよう。

◆◇前時の学習内容を簡潔に振り返り，本時の学習課題を共有する。

> 問2　アジア化を進めるためにオーストラリアはどのような政策を打ち出したか。また，オーストラリアにとって日本はどんな存在なのだろう。教科書と資料集を手がかりに考えなさい。

◇生徒の反応・発言
・外国人の観光客，修学旅行，ワーキングホリデー，留学などを積極的に受け入れる政策により，訪れる人を増やそうとしている。
・日本と貿易に係る関税の引き下げ協定を結んだり，APECを通してアジア諸国との経済的なつながりを強化しようとしたりしている。

◆教師の説明
　外国人留学生の支援は，英語が堪能で知識や技術に秀でた人材の確保もねらっている。また，APECはオーストラリアの提案で1989年に成立したアジア・太平洋地域の21の国や地域が参加する経済協力会合で，世界全体のGDPの約6割，貿易量の約5割，世界人口の約4割を占めている。法的拘束力はないため，貿易額の大きい日本などと個別の経済連携協定を結んでいる。

> 問3　では，日本にとってオーストラリアはどんな存在だろう。これまでの学習を踏まえ，教科書も参考にしながら答えなさい。

◇生徒の反応・発言
・輸入先としても，輸出先としても，重要な貿易相手国である。
・相互に観光客が訪れている…等。

◆教師の説明
　資料「日本における資源の輸入相手国（2014年）」によれば，石炭・鉄鉱石の6割強，液化天然ガスの2割強をオーストラリアに依存しており，レアメタルでもリチウムの約36％をオーストラリアから輸入している。内閣府の

第4章

「外交に関する世論調査」によれば，日本人が親しみを感じる国の上位に毎年オーストラリアが挙げられており，友好的な関係が続いている。

> **問4** 日本がオーストラリアの多文化主義政策から学ぶことはあるだろうか。あるとすればどんなことか。班毎に話し合い，後で発表しよう。

◇生徒の反応・発言
・外国人労働者の受け入れをもっと積極的に行うべきだ。
・シリア難民等の受け入れにも協力すべきだ。
・歴史の異なるオーストラリアのやり方を安易に導入すべきではない，等。

◆教師の説明
　オーストラリアも無原則，無限定に移民を受け入れているわけではない。国益のために短期の労働者ではなく永住者を求めており，毎年移民の受け入れ総数が決まると次の2つの枠で選別している（大和総研「移民レポート6」2014年11月20日）。

　A　技能移民　→　ポイント制（英語力，教育歴，仕事の経験，労働需要の有無，年齢・健康，貯金の額等により点数化。技術や経済力重視）。
　B　家族移民　→　上記Aで移住した人の家族。若い人を優先。

　近年はA・B合わせた年間受け入れ数は約19万人で，Aの技能移民が68％，Bの家族移民が31％だという。この他，難民等の受け入れに関する人道的支援プログラムが別枠で設けられている。

> **問5** オーストラリアは労働力不足への対応という現実的要請から多文化主義に舵を切ったが，それは理念的にも世界で評価される移民政策となっている。深刻な少子高齢化で将来が危ぶまれる日本がオーストラリアから学ぶことはないだろうか。自分の考えを書きなさい。

　ノートでもよいし，ワークシートでもよいので，とにかく考えをまとめさ

せる。時間があれば，何名かに発表させてもよい。後で，それを回収して，適宜コメントを付して返却したい。移民の受け入れは価値の絡む政治的意思決定の問題であり，一定の立場を強制してはならないが，日本の将来や地域の将来を他人事としてではなく我が事として考えさせる上でも重要な課題であり，根拠に基づいて自分なりの考えが論述できているか評価したい。

　因みに，「まえがき」で紹介した『限界国家―人口減少で日本が迫られる最終選択』（毛受敏浩著，朝日新書，2017年）では，移民をタブー視する多数の日本人の抱きがちな問いに事例と数値を挙げて反論している。詳細は本書に譲るが，日本人の抱きがちな次の問いはたぶん生徒の中にもあると思われる。

・外国人犯罪が増えるのはほんとうか？
・日本人の労働力を活用すべき？
・日本人の職が奪われる？→移民が創業し職をつくる
・社会保障費が増える？
・人口減でも豊かな国は可能？
・生産性が上昇すれば大丈夫？→ロボット活用で人手不足は解消できるか

　タテマエとしての多文化主義を説くのは誰でもできるが，ホンネで少子高齢化対策を考えること，とりわけ移民受け入れの是非を議論することは精神的にも疲れる作業であろう。しかし，それを避けていて日本の未来はないことに，本当は誰もが気づいているのではなかろうか。憲法を改正して家族の大切さを説いても，それで子どもの数が増えるとは思えないし，どんなにロボット開発に投資しても，人間の代わりになるわけではないからである。だとすれば，「王様は裸だ！」と子どもに指摘される前に，われわれ大人が事実を認めて議論を始めることが重要であろう。

第4章

日本の地域構成と領域の授業づくり
―「領土問題について考えよう」―

1 「日本の地域構成と領域」の新学習指導要領での位置づけ

　今回の改訂では，日本の領域の範囲や変化とその特色に関しては，内容のA「世界と日本の地域構成」で扱われることになり，「竹島や北方領土が我が国の固有の領土であることなど，我が国の領域をめぐる問題も取り上げるようにすること。その際，尖閣諸島については我が国の固有の領土であり，領土問題は存在しないことも扱うこと。」（内容の取扱い）と明記された。

　日本の基本的立場を表明したものに他ならないが，竹島にせよ尖閣諸島にせよ，日本のみならず韓国や中国もそれぞれについて自国の固有の領土と主張している現状を踏まえると，タテマエを宣言しているだけでは社会の現実を学んだとはいえないだろう。センシティブな問題だけに扱いには苦慮するが，社会科がそうした問題に蓋をしてタブー視すればするほど，社会科は干からびたクイズ的教科の地位に堕ちてゆくことを銘記する必要がある。

2 教科書における「領土問題」の扱い

　次頁の表から明らかなように，どの社の教科書も学習指導要領に従って，「日本の地域構成」を扱う中で，「日本の領域と領土問題」を位置づけている。C社の教科書でも，項目3の中で「領土をめぐる問題」を取り上げ，さらに竹島・北方領土・尖閣諸島を2頁にわたり記述している。ほぼ共通して，北方領土はロシア，竹島は韓国がそれぞれ不法に占拠しており，尖閣諸島周辺には中国の船が不法に侵入してくると記述するが，解決の方向性については

A社	(1) 世界の中の日本の位置　(2) 日本の国土の広がり　(3) 日本の領土をめぐって　(4) 47の都道府県　(5) さまざまな地域区分
B社	(1) 世界の中での日本の位置　(2) 時差でとらえる日本の位置　(3) 日本の領域と領土問題　(4) 都道府県と県庁所在地　(5) さまざまな地域区分
C社	(1) 日本の位置を調べよう　(2) 日本と世界との時差をとらえよう　(3) 日本の領域の特色を見てみよう　(4) いろいろな見方で都道府県を探ろう　(5) 日本をいくつかの地域に分けよう
D社	(1) 私たちが生活する日本の位置をとらえる　(2) 私たちが生活する日本の領域をとらえる　(3) 日本の領域をめぐる問題をつかむ　(4) 時差を使って日本の位置をとらえる　(5) 日本の都道府県と7地方区分をとらえる　(6) 日本のさまざまな地域区分をとらえる　(7) 地形図の見方を知る

触れられていない。政府に解決できないことが生徒に対応できるわけがないとはいえ、教師の教材開発力が試されるところであろう。

3 「領土問題」の教材解釈と学習課題

　経済のグローバル化に伴い、ひところ「ボーダーレス化」が盛んに論じられたが、ここ数年はブレクジット（イギリスのEU離脱）やトランプ現象（ポピュリズムを背景とした自国中心主義）などを背景として、再び国家や国境が注目されつつあるように見える。そんな中、日本は近隣の韓国や中国と必ずしも友好的な関係を構築できているとはいえず、領土問題をめぐる偶発的な衝突事件も起こり得ないことではない。

対岸の火事なら冷静かつ合理的な判断ができても，自らの利害や誇りが絡むとなかなかそうはいかない。例えば，テレビなどで日本の国旗が燃やされたりする映像を目にすると，つい感情的になってしまう。たぶん，私だけではないだろう。だからこそ領土問題をきちんと学習し，対立を平和的に解決する方法を考えさせることが大切なのである。学習指導要領でも領土の取扱いが明記されているが，多分にタテマエの扱いに終始している。一方，領土問題は公民的分野にも位置づけられている。後に詳述するが，公民的分野における現代社会の見方・考え方の基礎となる概念的枠組みに，対立と合意，効率と公正が挙げられている。社会を捉える枠組みを学びながら，それを現実の問題に適用できないとすれば，そんな空しいことはあるまい。そこで，敢えて領土問題を取り上げることにした。

　ポイントとなるのは，やはり学習課題（問い）の設定である。地理的な見方・考え方を生かすためには，次のような問いが重要であろう。

・日本の領土問題の現状はどうなっているか。→　見方
・なぜ領土問題が起きるのか。　　　　　　　｝→　考え方（概念理解）
・領土問題はどうすれば解決できるのか。　　｝→　考え方（価値観形成）

4　評価規準の作成—カリキュラムの構造化モデルの活用—

　上記の問いに答える形で，授業展開を構想することになるが，到達目標としての評価規準は，まず考え方を活用して概念を理解し，意思決定すべき価値（各人が主体的に選択・判断すべき価値）を見定めねばならない。次いで，そうした概念理解に至るために不可欠な事実を，想定した授業時数を勘案しながら決定することになる。その際，主たる教材としての教科書を参照するのはいうまでもない。それらを前章で検討・考察したカリキュラムの構造化モデル（簡略化したテンプレート）に当てはめたのが，次頁の表である。

	知　識（技能）	思考・判断（表現）	情意・態度
知っている	・領土や国境をめぐる国家同士の争いを領土問題という。 ・日本はロシアとの間に北方領土問題，韓国との間に竹島問題，中国との間に尖閣諸島問題がある。 （教科書や資料から読み取る）	・領土問題とは何か。 ・日本にはどのような領土問題があるか。それらはどのような対立点をもつか。 （調べたことを記述する）	主題となる日本の領土問題に素朴な関心や疑問をもつ。
わかる	領土問題の原因には，①軍事的要因，②経済的要因，③政治的要因，④歴史的・文化的要因等が考えられる。 （資料から推論し，仮説を設定・検証する）	なぜ領土問題は生ずるか。ロシア，韓国，中国との領土問題は何に起因するか。 （考えたことを論理的に説明する）	合理的根拠に基づいて推理し，説明しようとする。
使える	・領土問題の解決方策には，A話し合い（説得，妥協），B軍事力の行使（戦争），C国際司法裁判所への提訴がある。 ・領土問題の解決とは単に領土を取り戻すことではなく，対立に終止符を打って友好関係を確立し，相互に利益を生み出すことを指す。	・領土問題を解決するにはどうすればよいか。 ・領土問題の解決とは何を意味するのか。 （議論に参加し，自らの考えを論述する）	領土問題解決への自分なりの考えを構築する。

5　単元指導計画の作成

〈小単元名〉「領土問題について考えよう」（3～4時間）
〈小単元のねらい〉
　日本の領土問題の現状とその原因や背景を探り，領土問題解決の方策と意味について考える。

〈小単元の構成〉
(1) 領土問題の現状 （1時間）
　・いま日本はどのような領土問題に直面しているか。
　・領土問題とは何か。
(2) 領土問題の原因・背景 （1～2時間）
　・なぜ北方領土問題が起こったのか。
　・なぜ竹島問題が起こったのか。
　・なぜ尖閣諸島問題が起こったのか。
　・なぜ領土問題は起きるのか。
(3) 領土問題の解決 （1時間）
　・領土問題を解決するにはどうすればよいか。
　・領土問題の解決とは何を意味するのか。

6　授業の展開

第1時

> 問1　今日は「領土問題」について考えてみよう。ところで、領土問題とはどんな問題だろうか。

◆◇教師の問題提起と生徒の反応
　「領土問題」と板書しつつ問う。2～3人を指名。
・領土の問題，領土をめぐる国と国の対立，北方領土…等。

> 問2　では，領土とは何か。

◇生徒の反応・発言
　領地，支配地。領海・領空もある…等。

> 問3　誰の領地，支配地か。個人にも領土はあるのか。

◇◆生徒の反応と教師の説明・板書

　個人に領土はないという回答が多数を占めよう。そこで，「領土とは国家の統治権の及ぶ範囲。広くは領海・領空を含む」ことを説明して板書する。次に，教科書掲載の地図を手がかりに領海12カイリ，排他的経済水域200カイリ等の現状を説明する。なお，日本の領土面積は世界60位ほどだが，領海と排他的経済水域（EEZ）を併せた面積では世界6位になることに触れると，生徒の関心も高まることが予想される。

> 問4　最初に戻って，領土問題とはどんな問題か。説明しなさい。

◇◆生徒の発言と教師の説明

　領土問題とは国家間での領土・国境をめぐる争いであることを確認する。

> 問5　世界にはどんな領土問題があるか。知っているものを挙げなさい。

◇◆生徒の発言と教師の説明

　生徒は他国の領土問題についてはほとんど知らないだろう。そこで，アルザス・ロレーヌ領有をめぐる独・仏対立の歴史，パレスチナ問題，カシミール問題，プレアビヒア寺院問題などの事例を簡潔に紹介する。あくまでも，世界には多様な領土問題があることに気づかせるのがねらいである。

> 問6　世界地図で国々の国境を見て，気づいた特色を説明しなさい。

◇生徒の反応・発言

・アフリカやアメリカには直線の国境がある。

- アジアやヨーロッパの国々の国境には曲線が多い。
- オセアニアの島々の国境はわかりにくい…等。

◆**教師の説明**

　国境には，河川，山脈，海峡を利用した自然国境の他，経緯度を利用した数理国境や城壁等による人為国境があることに触れ，それらの代表的事例を地図で確認する。アメリカのトランプ大統領が，メキシコとの国境に壁を造ると発言したことなどを想起させ，国境のもつ意味についても考えさせたい。

第2時（第2～第3時）

> 問1　日本の関係する領土問題にはどんなものがあるか。この東アジアの地図を使って，知っている領土問題のポイントを説明しなさい。

◆**教師の指示**

　黒板に掛け地図を掲げるか，電子黒板に東アジア地図を映し出す。

◇◆**生徒の発言と教師の説明**

　生徒はマスコミ報道等を通じて，部分的には知っていることがあっても，対立する相手国の事情や対立の要因等については，説明できないであろう。班で話し合わせた後に，代表者に教室の前に出させるなどして，生徒自身に説明させるようにしたい。その後に，北方領土問題（日・ロ），竹島問題（日・韓），尖閣諸島問題（日・中・台湾）について，教師が対立関係の構図を解説する。時間があれば，それぞれの領土問題の歴史的背景について，年表や資料等を活用して説明する。

> 問2　なぜ領土問題が起きるのか。国と国が争う理由を説明しなさい。

◇◆**生徒の発言と教師の説明・板書**

　生徒の発言を受けた後に，まず一般論で考えさせる。一つの部屋を共同で

使用する兄弟姉妹が，互いの領分をめぐって喧嘩することは珍しくないし，土地の境界をめぐり隣家と気まずい関係になる例も少なからずある。自分や家族の経験を基に，領土問題の要因を推理させるのがねらいである。教師は生徒の推理を促しつつ，以下の要因に気づかせたい。そして，板書する。
　①政治的威信　　②軍事的利得　　③経済的権益　　④歴史・宗教

> **問3** 北方領土問題はどの要因によって起きたのか。説明しなさい。

◇◆生徒の発言と教師の説明

　一定の時間をとり，班で考えさせてから発表させたい。外務省HPから「北方領土問題の経緯（領土問題の発生まで）」を検索させるのも手である。地図と簡潔な説明からなっているため，教師が印刷して提示してもよい。そうすれば，北方領土が第二次大戦末期の混乱に乗じてソ連に占領されたもの（要因②軍事的利得）であり，同様の行為は東欧や中央アジアでもなされたことを考えると，冷戦下ではもとより，新生ロシアとなった今でも容易には手放さない（要因①政治的威信）ことが了解されるだろう。

> **問4** 竹島問題はどの要因によって起きたのか。説明しなさい。

◇◆生徒の発言と教師の説明

　北方領土問題同様，班で話し合わせてから発表させる。
　竹島についても外務省HPの「竹島問題」を参照して考えさせたい。日本政府の一貫した立場と「竹島問題10のポイント」が地図とともに示されている。しかし，竹島問題の要因は北方領土ほどクリアーではない。ここは韓国側の主張にも耳を傾ける必要がある。韓国の中学校国史教科書は，この問題を次のように記している。

第4章

> 　独島（トクト）は鬱陵島（ウルルンド）に付属する島として，早くからわが国の領土であり続けてきた。朝鮮初期に流民をふせぐため鬱陵島民たちを本土に移して住まわせ，一時政府の管理がおろそかな時もあったが，わが漁民たちが漁をする拠点として活用してきた。特に，朝鮮の粛宗（スクチョン）のときは東萊に住んでいた安龍福（アンヨンボク）がここに往来する日本の漁民を追い払って日本に渡って，わが国の領土であることを確認させることもあった。
> 　その後も日本の漁民たちがしばしば鬱陵島付近で不法に漁をしていくので，政府は鬱陵島に役所をおいて住民の移住を奨励し，あわせて独島までを管轄した。しかし日本は露・日戦争中に一方的に独島を彼らの領土に編入してしまった。
> （諸外国の教科書に関する調査研究委員会による日本語訳，2002年，240頁）

　また，韓国の外交通商部のHPでは独島を「韓国固有の（integral）領土」と明記している。これらの資料から判断すると，両国ともに歴史の絡む政治的威信（要因①と要因④），排他的経済水域内での水産資源等の確保（要因③）から，容易に妥協し得ない問題であることがわかってくる。

　特に，韓国は過去半世紀以上にわたり竹島を実効支配しており，日本からの国際司法裁判所への調停呼びかけにも応じようとしない。2012年には求心力の低下した李明博大統領（当時）が，大統領として初めて竹島（独島）に上陸して国民にアピールしたように，しばしば政治に利用されがちなことにも触れ，領土問題の解決が理屈通りにはいかない難しさに気づかせたい。

> 問5　尖閣諸島問題はどの要因によって起きたのか。説明しなさい。

◆教師の発問・指示
　外務省HPの「尖閣諸島についての基本見解」を印刷して提示するとともに，地図帳で位置を確認し，班での話し合いに助言する。
◇◆生徒の発言と教師の説明
　各班の代表は教室の前に出て地図を使って尖閣諸島問題の背景を説明する。

上記資料によると、この問題は1971年に周辺海域で地下資源の可能性が明らかになってから生じており、元来は要因③（経済的権益）によるものであることが了解される。近年は、中国の海洋進出が国策として打ち出されたこともあり、中国漁船等の領海付近での操業のみならず、南シナ海での南沙諸島問題とも相俟って、海洋支配をめぐる緊張が高まっており、要因①（政治的威信）や要因②（軍事的利得）も派生している現状をつかませたい。

第3時（第4時）

> 問1　どうしたら領土問題を解決できるか。「我が国固有の領土」と宣言しているだけでは解決にならないとすれば、一体どうすればよいか。

◇生徒の反応・発言

ここでは生徒の自由な発想による提案を期待したい。たぶん、A：双方でよく話し合う、B：武力（戦争）で取り返す、C：裁判で白黒決着をつける、の3案に集約されよう。

> 問2　戦争は解決策になるだろうか。

◇◆生徒の発言と教師の説明

まず、自由に考えて答えさせたい。その上で、戦争には多数の兵士の生命と資金の投入が不可欠であり割に合わないこと、また仮に勝利しても子孫に恨みを残し、根本的解決にならないことを世界各地の事例（例えば、イスラエルの建国と四次に及ぶ中東戦争など）から考えさせたい。

> 問3　裁判で決着をつけるにはどうすればよいだろうか。

◆教師の説明

　国際問題を法的に解決する国連の機関に国際司法裁判所があること，紛争の当事国が同意しない限り提訴できないこと，竹島問題もその一例（韓国が応じない）であることに触れ，結局当事国が話し合いのテーブルに着かない限り，ことは進まないことを理解させる。

> 問4　当事国を話し合いのテーブルに着かせるにはどうすればよいか。

◇◆生徒の発言と教師の説明

　自国にも何らかの利益があると思えば交渉の席にも着くはずである。一方だけが得をするゼロサム・ゲームではなく，双方に利益を生む，win-winのプラスサムを目指すことが話し合いによる解決のためには必要ではないか。

> 問5　領土問題の解決とは何を意味するのだろう。自由に書きなさい。

◇生徒の論述

　これは一定の結論に導くことがねらいではない。本単元の学習のまとめとして，生徒が考えたことを自由にワークシートないしはノートに書かせて終わりたい。しかし，本授業を開発したねらいは，領土問題の解決とは単に白黒決着つけることではなく，対立状態に終止符を打って友好関係を確立し，相互に利益を生み出すことではないかと考えさせるところにある。もちろん，現実はパワー・ポリティクスによる影響を受けるとしても，領土問題の解決はそうした視野からの粘り強い取り組みによってしか展望が開けないことを理解させたい。

第5章

歴史的分野の
ポイントを押さえた授業づくり

CHAPTER
5

第5章

歴史的分野の授業づくりの基礎基本

1 歴史的な見方・考え方の活用——エンパシー(他者の目への着目)——

　第3章で検討したように,社会的な見方・考え方とは社会的事象について考察したり構想したりする際の「視点と方法(考え方)」を指している。そのうち,歴史的な見方・考え方は今回の改訂で初めて登場した概念で,「社会的事象を,時期,推移などに着目して捉え,類似や差異などを明確にし,事象同士を因果関係などで関連付けること」と定義されている。ここから判断すれば,時期や推移が視点で,類似や差異を明確にしたり諸事象を因果関係で関係づけたりすることが方法だと考えられる。だがそのすぐ後で,時期(時系列)や推移に関わる視点だけでなく,「類似,差異,特色など諸事象の比較に関わる視点,背景,原因,結果,影響など事象相互のつながりに関わる視点など」(『解説』83頁)と続き,視点と方法は一体のものと捉えられていることがわかる。つまり「見方・考え方」は切り離せないことになる。

　だが,それでは地理的な見方・考え方との異同が生じること,現状の歴史的な見方・考え方の定義では授業改善につながらないことから,第3章では見方を「事実の把握」に,考え方を「概念理解(及び価値観形成)」にそれぞれ関わらせて再定義した。この再定義は新学習指導要領の趣旨を損なうものではない。むしろ,歴史の授業を深い学びに向かわせる点で,その趣旨を一層生かすものといえる。具体的な授業づくりについては後に示したい。

　新学習指導要領の『解説』には,歴史の見方・考え方に関連して重要な文言が以下のように2カ所ある(83-84頁,下線は筆者による)。

　○時代の転換の様子や各時代の特色を考察したり,<u>歴史に見られる諸課題</u>

について複数の立場や意見を踏まえて選択・判断したりする
○それを用いることによって生徒が獲得する知識の概念化を促し，理解を一層深めたり，課題を主体的に解決しようとする態度などにも作用したりする

　後者の下線部は，私の再定義（概念理解と価値観形成）が間違っていないことを示していよう。新学習指導要領も目標は正しいが方法を取り違えているのだ。見方・考え方の活用を説きながら，既存の通史的内容の学習を変更しないからである。これでは見方・考え方の活用は形骸化せざるを得ないだろう。『解説』が多様な視点を列挙するのも，ある意味で通史的内容から脱却できないことからくる苦し紛れの対応かもしれない。歴史的な見方・考え方を生かして，資質・能力の育成につなげようとするなら，誰が考えても何らかの内容の重点化，焦点化は避けられないからである。

　次に前者の下線部が，歴史の見方・考え方として筆者が特に重視するものである。それが他者のパースペクティブ（見方，遠近感）への配慮である。現代世界にも私（われわれ）と異なる多様な見方や立場があるように，過去にもそれぞれの時代や社会特有の見方や立場があったはずである。それを異文化として捉えることは歴史理解の第一歩である。だが，そのためには過去の時代の文脈や人々の価値観を知らねばならない。それも一様とはいえないとすれば，異なる立場や意見を示す多様な資料（文書・絵画・写真から遺物・遺跡まで）を批判的に読み解かねばならない。また，生徒にそうした多様な資料に向かわせるためには，それなりの仕掛けが必要である。それが歴史固有の概念・ツールとしての「エンパシー empathy」である。

　エンパシーを英和辞典で検索すると「同一視，共感」とあり，シンパシー sympathy と同一の概念のように見えるが，欧米諸国では全く異なる概念と捉えられ，歴史教育ではシンパシーではなくエンパシーを重視すべきことが強調されている。オーストラリアの歴史カリキュラムでも，歴史の主要概念の一つにエンパシーが掲げられているが，「出来事を当事者や参加者の観点から見て理解する能力」と定義し，シンパシーやイマジネーションが学習者

である「私」の観点からの共感や想像であるのとは明確に区別している。日本では国語教育の影響もあって、歴史上の人物の思いに共感させたり推測させたりしがちであるが、それはシンパシーに留まる。エンパシーは自分がその人物の立場にいたらどう考え、どう行動するかを問うのである。そこに生徒を過去の学習に向かわせる一つの仕掛けが読み取れる。それゆえ、過去の人物の行為なら何でもよいわけではなく、それを学ぶことで今後の社会のあり方を考える（価値観形成につながる）事例でなくてはならないのである。

2 「時代を大観する学習」の再考—まとめから探究へ—

　2008（平成20）年版の学習指導要領で初めて歴史的分野に登場したのが、いわゆる「時代を大観する学習」である。そこでは、「学習した内容を活用してその時代を大観し表現する活動を通して、各時代の特色をとらえさせる」と示されていたが、改訂後もこの学習は継承され、「各時代を大観して、時代の特色を多面的・多角的に考察し、表現する」ことが各項目に明示された。ポイントとなるのは、各時代の学習を一通り終えた後に、生徒自身に学習内容を活用して時代の特色を捉えさせ、表現させることにある。いわば各時代の「まとめ」の役割が期待されているのである。

　しかし、ただでさえ歴史学習は教える内容が多すぎて、アクティブ・ラーニングもままならないといわれている現状で、この学習が実施できるか甚だ疑問である。私見では、学習指導要領の説く歴史の大観の仕方には根本的な問題が3点ある。その一つは、上に指摘した、時間が不足することである。二つ目は、まとめ学習では生徒の学習意欲を促しにくいことである。おそらく、教科書から適当なゴシック用語を見つけて、それを文章化して終わるだろう。例えば、教科書に見られる以下の大観の方法は、それを暗示していよう。

B社：古代は（　　　）の時代である。それは（　　　）だからである。

> 例：古代は貴族の時代である。それは…。
> C社：律令制の官制図を手がかりに古代の政治の特徴を説明する
>   （　　　）を中心に，太政官の大臣や国司になった（　　　）が政治を行っていた。

　そして，第三の問題点は，事実教授型の授業の変革にはつながらないことである。時代を大観する方法を変革しなければ，思考力・判断力・表現力を重視した歴史学習にすることはできない。その変革の方法とは，事実的知識の活用としての「まとめ」の学習から，歴史や時代を説明する概念的知識の探究としての学習に転換することである。つまり，教師による講義中心の学習が終わった後に，生徒が学習内容をまとめるのではなく，教師と生徒が一緒になって一定の課題（問い）を探究し，歴史（時代）を説明する概念を習得する授業への転換である。その授業づくりの事例は後に示したい。

2　新しい歴史の内容を踏まえた授業づくりのポイント

　新しい歴史の内容を踏まえた授業づくりのポイントは，以下の３点である。
　第一に，日本の歴史の背景となる世界史的内容の一層の充実を図ることである。だが，それは世上いわれるように日本史の内容に世界史の内容を付加することではない。喩えていえば，これまで日本史的内容が９で世界史的内容が１だったところを，世界史的内容を1.5や２に増やすことではないし，世界史的内容を２に増やすために日本史的内容を１減らして８にすることでもない。要するに，自国史と外国史を区分した上でつなげようとするのではなく，日本列島とそこに生きる人々の歴史をその歴史的環境としてのアジア

や世界に位置づけて考察しようというのである。日本の歴史と直接関連のない世界史を増やせば，生徒にとっては却ってわかりにくくなり，歴史嫌いを増やすだけだろう。

　アジアや世界という場の中で日本列島の歴史を位置づける簡単な方法を紹介しよう。それは日本史の背景として先に世界史を学ぶのではなく，日本史の展開を学んでから，その背景を探って世界史を学ぶ方法である。例えば，大航海時代やルネサンス，宗教改革を学び，それから鉄砲・キリスト教の伝来や南蛮貿易につなげると，ルネサンスや宗教改革の背景としての中世ヨーロッパやイスラーム世界も扱わざるを得なくなり，生徒にはわけがわからなくなる。しかし，先に鉄砲やキリスト教の伝来を扱えば，「なぜこの時期にヨーロッパ人，それもイギリス人やフランス人ではなくポルトガル人やスペイン人がやって来たのか？」という疑問が自然に生まれてくる。そうすれば，日本の歴史の説明に必要な限りの世界史（この場合はヨーロッパ史）を学ぶことになり，生徒の歴史理解も深まってくるからである。

　第二に，主権者教育の観点から，民主政治の来歴や人権思想の広がりなどに関する学習を進めることである。だがそれはこれまでも実質的に学習されてきた。大切なのは，それらの内容を教えるかどうかではなく，歴史を大観する観点として「民主主義」なり「人権思想」を位置づけられるかどうか，生徒自身を主権者として捉え，学習への積極的な参加を促すことができるかどうかである。前者は，先に述べた時代を大観する学習の再考につながり，後者は文字通り「主体的・対話的」な学習の実現につながってこよう。

　第三に，伝統や文化の学習を充実させることである。中世の「ユーラシアの変化」と関わって琉球の文化，近世の「幕府の対外政策と対外関係」に関わってアイヌの文化に触れることが内容の取扱いに示された。ここで留意すべきは奈良・京都を中心とする歴史や文化を主流とし，琉球やアイヌを傍流に位置づけるのではなく，日本の諸地域における歴史と文化の複合性を捉えさせることである。その一環として南には琉球文化が，北にはアイヌ文化があったことに触れ，日本の歴史と文化の多元性を理解させたい。

エンパシーに着目した授業づくり
―「中世の日本 民衆の成長と新たな文化の形成」―

1 「民衆の成長と新たな文化の形成」の新学習指導要領での位置づけ

　新学習指導要領では，学習内容を構造的に示した。本項目「民衆の成長と新たな文化の形成」は，内容Bの「(2) 中世の日本」の一小項目に位置づき，下記のような構造をなしている。すなわち，学習を通して理解させたい目標に向けて，いかなる歴史事象を取り上げ，見方・考え方を含め，いかなる視点や方法で考察させればよいのかを示す構造である。

取り上げる事象

- 農業など諸産業の発達，
- 畿内を中心とした都市や農村における自治的な仕組みの成立，
- 武士や民衆などの多様な文化の形成，
- 応仁の乱後の社会的な変動など，を基に

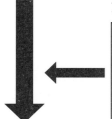

方法

- 農業や商工業の発達などに着目して，
- 事象を相互に関連付けるなどして，
- 中世の社会の変化の様子を多面的・多角的に考察し，表現することで

知識目標

民衆の成長を背景とした社会や文化が生まれたことを理解する

しかし結局のところ，中世後期の社会や文化をもれなく扱うことが，目標の達成につながる仕組みになっており，形式的には整備されたものの，このままでは実質的な授業改善にはつながらないであろうことが予想される。

2 教科書における「民衆の成長と新たな文化の形成」の扱い

新学習指導要領に準拠した教科書はまだないが，取り上げる歴史事象に大きな変化はないと考えられる。ここでは，「民衆の成長と新たな文化の形成」に関して，最も項目名と学習課題が意欲的なA社の例を見てみよう。

---

(1) 団結する村，にぎわう町
　　室町時代の村や町の人々は，どのようにして自分たちのまとまりをつくっていったのでしょうか。
(2) 下剋上の世へ
　　人々が力をつけるなかで，社会はどのように変わっていったのでしょうか。
(3) 今につながる文化の芽生え
　　室町時代には，どのような文化が生まれたのでしょうか。

民衆の成長を「村や町のまとまり」と捉え，まとまりが民衆の力をさらに強化させ，現代につながる文化を生み出したという時代解釈になっている。

3 エンパシーの観点からの教材解釈と学習課題

教材解釈のポイントは，学習指導要領にある「民衆の成長」と，教科書にある「村や町のまとまり」にある。つまり，名もなき民衆がまとまることで力を強めていったという上記の解釈は重要である。ただし他の時期に比べて教材化が難しいのは，頼朝・義経や後醍醐天皇，足利尊氏のような英雄的人物も登場せず，蒙古襲来や倭寇のような国際的事件も見られないことである。

産業と交通の発達，村や都市の自治ではドラマ性に欠け，生徒の学習への関心を促すのは容易ではない。ドラマ性と民衆の結びつきという２点でこの時期を眺めると，一揆が浮かび上がってくる。土一揆や一向一揆など，多様な一揆が頻発したことを考えると，是非焦点化したいテーマである。中でも，現代に生きる生徒から見て，その行動や価値観が理解しがたいと感じられるのが，徳政（借金の帳消し）を求めた土一揆であろう。

　なぜなら，借りた物は返すのが当然であり，借金しながら金も返さない，土地は取り戻すというのでは虫が良すぎるからである。そんな理不尽な民衆の行為がどうしてまかり通ったのか，生徒ならずとも不思議に思うだろう。それこそ当事者のパースペクティブを理解しなければ納得できない。まさに歴史的な見方・考え方としてのエンパシーが必要になってくるのである。そこで，「土一揆と徳政」をテーマに教材化することにしたい。

　教科書の学習課題（問い）は全て「どのような」の問いからなっている。これは，学習すべき内容が通史としてあらかじめ決まっている中で，無理に問いをひねり出そうとした結果であって，概括的になるのもやむを得ない。だが，このままでは探究を促すことはできず，見方から考え方のレベルへと学びを深めることもできない。そこで，まずテーマに設定した土一揆の性格について学び，それが徳政を要求した事実を把握する。次いで，「なぜ農民は借金をしたのか，なぜ堂々と徳政を要求することができたのか」を探究し，エンパシーの観点から当時の人々の社会的慣行（ルール）を概念的に理解するとともに，現在のわれわれの価値観（土地や所有に関する観念）をも反省的に振り返るような構成にしたい。

　土一揆研究の第一人者ともいうべき勝俣鎮夫によれば，一揆とは神前において参加者が起請文を焼いた灰を神水に混ぜて回し飲みをする一味神水という手続きを経て，連帯の心性（一味同心）を獲得した非日常的な集団を指した（勝俣鎮夫『一揆』岩波新書，1982年）。また，中世において徳政は復活・再生を意味し，「もとへ戻る，あるべき姿に戻す」ことと考えられていた。それゆえ土一揆の徳政要求は，土地を開墾することで土地に生命を与え，本主

のもとから所有が移転した土地を本主が取り戻すことで土地が息を吹き返すという「地発(じおこし)」の観念や慣行を前提として行われた。したがって，土一揆の徳政要求は，単なる債務の破棄ではなく，世の再生・復活を迫る世直しの性格をも併せもっていたという。笠松宏至の『徳政令』(岩波新書，1983年)においても同様の指摘がなされており，現代とは異なる中世人のパースペクティブに触れられる点でも興味深い事例といえよう。

4 評価規準の作成―カリキュラムの構造化モデルの活用―

次に，到達目標としての評価規準を，3つの資質・能力に即して作成する。

	知　識（技能）	思考・判断（表現）	情意・態度
知っている	土一揆とは一味神水により成立した農民の団結であり，徳政を要求した。 (資料から読み取る)	○土一揆とは何か。 〔一揆とは何か。土一揆の土とは何を指すか。農民は何のために一揆を結んだか。徳政とは何か。〕 (調べたことを記述する)	主題となる中世の一揆や徳政に対して素朴な関心や疑問を示す。
わかる	室町時代の農民は徳政を仮死状態の土地に生命を蘇らせることと考え，耕作者が土地を取り戻すことを正当とみなした。 (資料から推論し，仮説を検証する)	○なぜ農民は徳政を要求し得たのか。 〔なぜ農民が借金を負うようになったのか。農民は誰から何を担保に借金したのか。借金が返せない場合はどうなったか。当時の農民は土地や売買についてどう捉えていたのか。〕 (考えたことを説明する)	借金の帳消しを堂々と要求できた背景に現代と異なる何らかの価値観を推測し，当時の社会の文脈を明らかにする資料を読解・吟味している。

使える	中世には土地所有権が確立しておらず，売買観念にも差があった。当時の一揆や社会を現代的価値観で評価できない。	○土一揆から見えてくる中世社会（村・土地・売買の観念等）の特徴をどう捉えればよいか。自分なりに判断して表現しよう。（議論に参加し，自分の考えを論述する）	土一揆と徳政を手がかりに，中世と現代の価値やルールの違いについて自分の考えを構築する。

　カリキュラムの構造化モデルをテンプレートとして作成した。知識，思考・判断，情意・態度を中心にし，技能と表現は（　）で示した。思考・判断は問いの形で表すが，○は各時の主発問，〔　〕内は副発問を指している。

5　単元指導計画の作成

〈小単元名〉　「土一揆と徳政」（3時間）
〈小単元のねらい〉
　室町時代における土一揆を取り上げて，民衆が借金したり徳政を要求したりするようになった背景や理由を考察し，現代と異なる人々の見方や時代の特質を理解するとともに，われわれの物の見方についても振り返る。
〈小単元の構成〉
(1)　土一揆と民衆の成長　　　　　　　　　　　　　　　　　　　（2時間）
　・室町時代の農民はなぜ一揆を結び，徳政を要求したのか。
　・土一揆とは何か。
　・なぜ農民が借金を負うことになったのか。
(2)　土一揆の徳政要求と幕府・領主の対応　　　　　　　　　　　（1時間）
　・なぜ室町時代には徳政がまかり通っていたのか。
　・なぜ農民は堂々と徳政を要求したのか。
　・幕府や領主は農民の徳政要求にどう対処したか。

第5章

6 授業の展開

第1時

> 問1　室町時代とはどんな時代だったのだろうか。教科書の年表から，わかることを答えなさい。

◇**生徒の反応・発言**

　南北朝の対立，最初の土一揆，応仁の乱，山城国一揆，加賀一向一揆など，戦乱や一揆が目立つ…等。

◆**教師の説明**

　室町時代は「一揆の時代」といわれる。資料「主な土一揆年表」を見ると，毎年のように土一揆が起こっている。国一揆や一向一揆も土一揆の発展したものと考えられる。

> 問2　土一揆とは一体何だろう。今日はこの問題を考えてみよう。

◆◇教師と生徒で学習課題を共有する。

> 問3　土一揆の土とは何のことだろう。

◇**生徒の反応・発言**

　土。田畑（土地）…等。

◆**教師の説明**

　土民による一揆という意味で土一揆といい，土民とは土着の民の意味で，主に農民を指す（ただし豊臣秀吉が刀狩りと検地を徹底して兵農分離を進めるまで農民と武士の境目は曖昧であったことにも触れる）。

> 問4　一揆とは何だろう。一揆という言葉でどんなイメージをもつか，各自ワークシートに書きなさい。では，発表してもらおう。

◇生徒の反応・発言

　苦しい生活。農民の暴動。集団で領主を襲う。鎌や鍬で立ち上がった，等。

> 問5　これが一揆を描いた絵だという。気づいたことを発表しなさい。

◇生徒の反応・発言
・神社の境内で集会を開いている。　・お椀で何か飲んでいる人がいる。
・みんな揃って笠をかぶっている。　・車座になっている。
・何か大事な話し合いの最中のようだ…等。

◆教師の説明

　歴史家の勝俣鎮夫が文を書き，画家の宮下実が絵を描いた『戦国時代の村の生活』（岩波書店，1988年）という本の中の絵で，農民たちが神社に集まり，神泉の水を回し飲みしている。

> 問6　何のためにこんなことをしているのだろう。これとよく似た儀式は，現在でも神前結婚式での夫婦による三三九度の盃などに見ることができる。そうすると一揆とは一体何を意味するのだろう。

◇生徒の反応・発言

　何かの誓いを立てること。団結すること…等。

◆教師の説明

　一揆とは団結すること，約束を交わすことを意味し，その証として神前に集い，誓いの文書に署名した後その紙を燃やして神水に混ぜ，皆で回し飲んだ。神水を共に飲むことで心を一つにするわけで，必ずしも暴動ではない。

第5章

> 問7　農民たちは何のために心を一つにする必要があったのか。最初に見た土一揆年表の資料から考え，その目的をワークシートに書きなさい。

◇生徒の反応・発言
　徳政，年貢反対，守護に反抗などがあるが，特に徳政の要求が多い。
◆教師の説明・板書
　徳政を目的にしたものが多いことから，土一揆を徳政一揆ともいう。

> 問8　徳政とは何だろう。鎌倉時代に有名な徳政令が出されたことを学んだが，どんな内容だったか。教科書やノートを見て答えよう。

◇生徒の反応・発言
　永仁の徳政令では，幕府が武士を救うために借金の棒引きなどを命じた。
◆教師の説明
　徳政とは売却・質入れした土地の無償返還，借金の帳消しを意味した。幕府が御家人を救うために出したものが，今度は農民が要求するようになった。

> 問9　本時の学習をまとめ，土一揆とは何かワークシートに書きなさい。

◇◆生徒の論述・発表と教師による確認
　時間があれば何名かの生徒に発表させたい。その上で，「土一揆とは，室町時代の農民が徳政を求めて団結したもの」であることを確認する。

第2時

> 問1　なぜ農民が借金をするようになったのか。その結果どうなったか。

◆◇本時の学習課題を提示し，共有する。

> 問2　まず，なぜ農民は借金などしたのだろうか。予想してみよう。

◇生徒の反応・発言
・お金が要ったから（博奕に使った。病気で薬代に使った…）。
・不作で年貢が払えなくなったから…等。

> 問3　農民の借金のことはひとまず措いて，この資料（貨幣流通量の推移）からわかることを答えなさい。

◇生徒の反応・発言
　鎌倉時代の後半から室町時代にかけて貨幣の流通量が増えている。
◆教師の説明・板書
　室町時代になって貨幣の流通量が特に増えた背景について教科書（本文や欄外の図版等）を手がかりに説明し，板書する。
（生産力発展→商品経済進展→年貢が金納に→貧富の差拡大→農民も借金）

> 問4　貧しくなった人だけが借金をしたのだろうか。資料「山城国小野庄の債務」を手がかりにして答えなさい。

◇生徒の反応・発言
　農民個人で借金することもあったが，村単位の場合が多かった。
◆教師の説明・板書
　資料の読み取りを確認しながら，村単位で借金した背景・理由を説明し，板書する。
（生産力の発展→村の自治の高まり＝惣の成立→年貢の共同請負や用水管理→多額の費用が必要→土地を担保に借金）

> 問5　農民（村）は誰からお金を借りたのだろう。この時代に金貸しをしていたのはどんな人たちか，教科書を見て答えなさい。

◇**生徒の反応・発言**
室町時代には土倉・酒屋・寺院などが高利貸しをしていた。

◆**教師の説明**
土倉とは壁土で塗り込めた蔵に質草を入れたところから名づけられた。

> 問6　当時の京都にはどのくらいの数の土倉や酒屋があったのだろう。資料「京都の土倉・酒屋の分布図」を見て答えなさい。

◇**生徒の反応・発言**
京都には土倉・酒屋とも300軒を超す数があった。

> 問7　借金は簡単に返せたか。返せない場合はどうなったのだろう。

◆**教師の説明**
　土倉や酒屋から借金すると月5％（年率60％）の利息を支払わなければならず，農民にとって借金返済は大変であった。その結果，担保としての土地を失う村が増え，逆に土倉・酒屋は土地を集積して繁栄したことを，資料「土倉の土地集積」を示しながら確認する。

> 問8　前回配付した資料「主な土一揆年表」を見て，土一揆はどこで頻発したか，またその理由は何か，班で話し合って発表しなさい。

◇**生徒の反応・発言**
　土一揆は京都・奈良一帯に集中的に起きている。畿内は商品経済が発達し

て土倉・酒屋も多かったから、土一揆が頻発した。

> 問9　以上のことから、農民たちがなぜ一揆を結んで徳政を要求したのか、ワークシートにまとめなさい。

◇◆生徒の論述・発表と教師による確認
　土地を失った農民たちは、生活のために心を一つにして徳政を要求した。

第3時

> 問1　土一揆の具体的な様子を資料から見てみよう。

◆◇資料の提示と朗読・説明、一揆の具体の確認
　嘉吉の土一揆（1441年）の意訳資料から、将軍の代替りを機に農民たちが団結して徳政を要求し、幕府もそれに対抗しようとする様子を読み取る。

> 問2　農民はなぜ堂々と徳政を要求できたのだろう。自分が土倉だと仮定して、土地を担保に農民にお金を貸したら集団で押し寄せ、借金を取り消せとか土地を返せと要求されたらどうするか。農民の要求はもっともだと思うか。自分の意見をワークシートに書いて、発表しなさい。

◇生徒の反応・発言
　農民の要求はあまりに一方的であり応じられない。農民の気持ちはわからなくもないが、要求自体は不当だ。自分の方から金を借りに来たのだから、等。

> 問3　なぜそんな不当ともいえる徳政要求が何度もできたのだろう。

第5章

◆教師の問題提起と説明

中世には土地などの財産が借金の担保などで失われた場合，本来の所有者＝本主に戻すべきだとの考え方があった。特に，土地を耕作しないでおくと死んでしまうとも考えられたため，仮死状態の土地を甦らせるためにも，農民が土地を取り戻すこと（地発）は正当な行為と見なされた。

> 問4　幕府や領主は土一揆に対しどんな態度を取ったのだろう。農民を支持したか，それとも土倉側を支持したか。

◇生徒の反応・発言

農民側を支持した。やっぱり金持ちの土倉側を支持した。わからない…等。

◆教師の資料に基づく説明

第1時の最初に提示した資料「主な土一揆年表」を手がかりにして，徳政令が出た場合と，鎮圧された場合の両方があったことに気づかせる。

> 問5　まず幕府が土倉側を支持したのはなぜか。資料「幕府の財源」を見て班で話し合い，その後に発表しなさい。

◇◆生徒の発表と教師の資料に基づく確認

・土倉は金持ちだから。徳政を認めていたら経済が混乱するから…等。
・幕府にとって土倉や酒屋からの税金は重要な財源（土倉役）であったから，これを保護する必要があった。

> 問6　次に幕府が農民側の要求を支持したのはなぜだろう。

◆教師の問題提起と説明

まず徳政令の発布は幕府の仁徳ある行為の表明であった。また中世社会では領主の土地を農民が耕作して年貢を納めていたから，農民が土地を失うこ

歴史的分野のポイントを押さえた授業づくり

とは幕府や領主にとっても座視できないことであった。

> **問7** なぜ室町時代には農民の徳政要求がまかり通っていたのか。また，幕府や領主は農民の徳政要求にどう対処したか。ワークシートにまとめて，発表しなさい。

◇◆生徒の発表と教師の確認・板書

中世には現在とは異なる本主の思想や徳政の考え方があり，農民は堂々と徳政を要求できた。封建的土地所有に立脚する幕府は農民の要求を無視できず，時に徳政令を発布したが，土倉等の税にも依存していたので，基本的には一揆を鎮圧しようとした。まとめの意味で下の図を板書して説明する。

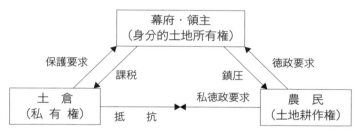

一揆の時代の社会関係（筆者作成）

〈主な資料〉

嘉吉の土一揆　（『建内記』より筆者が意訳，一部省略）

> 嘉吉元（1441）年9月3日。数日来，土一揆が起こる。徳政を求めて借用書を破り，わずかな金で強引に質草を取り戻す。近江に起こり，坂本・三井寺・鳥羽・竹田・伏見・嵯峨・仁和寺・賀茂に及び，今日は法性寺の辺が火災になった。侍所は大勢を出して防戦したが，土民の数は数万にもなり収まらない。今夜は賀茂の辺で時の声があがった。正長年間にも同様の事件があり，京の町中に及んだ。代替り（将軍義教の暗殺）に事を起こすのはこの先例（正長の土一揆は将軍義教誕生の年）があるからだという。言語道断である。

主な土一揆年表（永原慶二『内乱と民衆の世紀』（小学館、1988年）より作成）

年	場所	要求	年	場所	要求
正長1(1428)	大津・醍醐	徳政	寛正1(1460)	大和大乗院	段米反対
	京都・奈良	〃	3(1462)	京都	徳政
永享1(1429)	播磨	守護軍退去	4(1463)	京都	徳政
〃	伊勢山田	徳政	文正1(1466)	京都・奈良	徳政
4(1432)	奈良	年貢免除	文明1(1469)	山城・醍醐	年貢減免
嘉吉1(1441)	京都・奈良	徳政	12(1480)	丹波	徳政
文安4(1447)	奈良・京都	徳政	17(1485)	山城国一揆	畠山軍退去
宝徳3(1451)	奈良	徳政	長享2(1488)	京都	徳政
享徳1(1452)	若狭太良荘	徳政	延徳2(1490)	山城南方	徳政
3(1454)	播磨矢野荘	年貢減免	明応6(1497)	大和長谷寺	徳政
〃	醍醐・山科	徳政	永正8(1511)	宇治・山科	徳政
康正2(1456)	遠江蒲御厨	徳政	大永6(1526)	京都	徳政
長禄1(1457)	河内	関所撤去	天文15(1546)	京都	徳政
〃	京都・奈良	徳政	永禄5(1562)	京都	徳政

室町幕府の財源（永原慶二、前掲書等を手がかりに作成）

負担者	税の種類	備考
御料所（足利氏の直轄領）	年貢・公事（雑税）・夫役（労役）	不足気味
守護・地頭	公用銭・臨時銭	
農民	段銭（土地税）・棟別銭（家屋税）	徴収し易い
都市	地子銭（地代）	
高利貸	土倉役・酒屋役（営業税）	主要財源
関所・港	関銭（陸上）・津銭（船）	

時代を大観する授業づくり
―「中世の日本の大観」―

1 「中世の日本の大観」の新学習指導要領での位置づけ

　本章1の2（96頁）で考察したように，時代を大観する学習は「各時代を大観して，時代の特色を多面的・多角的に考察し，表現」する学習として，時代のまとめ的な役割を担っている。例えば，中世の大観に関しては，以下のような位置づけになっている。

(1) 武家政治の成立とユーラシアの交流
　　鎌倉幕府の成立，元寇（モンゴル帝国の襲来）
(2) 武家政治の展開と東アジアの動き
　　南北朝の争乱と室町幕府，日明貿易，琉球の国際的役割
(3) 民衆の成長と新たな文化の形成
　　諸産業の発達，都市や農村の自治的な仕組みの成立，
　　武士や民衆の多様な文化，応仁の乱後の社会的な変動

(4) 中世の大観

　政治
　産業
　社会
　文化

　つまり，一通り通史的に学習した内容を振り返って，政治，産業，社会，文化の視点から総括する構造になっている。これは授業時間が不足しがちな現状とも相俟って，形骸化を招きやすい。また，復習的性格が強いことから，生徒の学習への動機づけも促しにくいという問題等が指摘される。

2 教科書における「中世の日本の大観」の扱い

　どの社の教科書も，中世の最後に学習のまとめとして年表や地図とともに

第5章

A社	政治，外国との関係，文化について，古代（例文あり）と比較
B社	中世で最も重要な出来事について，新聞記事を作成 「中世は（　　　）の時代である。それは（　　　）からである」の完成
C社	政治，社会，外国との関係，文化について，古代との比較表の完成 （生徒の作成した比較表の事例あり）
D社	「法」に着目し，時代，主な法，法の内容，目的について古代と比較

大観的作業活動を位置づけている。それを示したのが上の表であるが，かなりの時間を要する課題であり，結局は宿題としての扱いに終わることになろう。

3 単元の導入に位置づける時代大観学習と学習課題

　現行の時代大観学習の課題を克服するには，「まとめから探究へ」と位置づけを変えることが不可欠だと先に指摘した。それは大観が単元の中核的役割を担うことを意味し，単元全体を見通す時代概念なり理論（説明的仮説）を設定して探究していくことが重要になる。つまり，単元の最後だけではなく全体を通して扱うことになる。しかし，大単元の場合，全体を一貫して探究するのは容易ではない。そこで，通常学習する内容を扱いながら，単元の導入部で時代の特色を大観する方法について明らかにしよう。

　最初に確認したいのは，大観とは時代の特色を概括することではなく，一定の視点から時代の特質（本質）に迫ることである。日本中世の全体的特質をどう捉えるかについては多様な見方（解釈）があり，視点を絞ってもそれは変わらないが，ここでは木村茂光『中世社会の成り立ち』（吉川弘文館，2009年），上横手雅敬他『院政と平氏，鎌倉政権』（中央公論新社，2002年）等を参照し，中世（鎌倉時代）史の特質を以下のように整理した。

　　・古代＝貴族政権，中世＝武家政権と単純化することはできない。
　　・平安後期から鎌倉末期までを一つの時代と捉えるのが自然である。

- 摂関家，天皇・院，有力寺社，武家などの，それぞれ独自の権力と財政基盤をもった集団＝権門が並び立ち，政務を分担する体制がつくられた。
- 中世の武士は豪族層が自ら開発した所領や権益を守るために武装化したものではなく，職能としての武芸を家業とした軍事貴族であるとの見方。
- 東北（平泉），東国（鎌倉），西国（平氏），北国（義仲）など諸地域の自立への動きをはらみつつ，院政の形態をとる朝廷が日本を支配した。

これらの特質を踏まえ，中学生の歴史学習を想定すると，「武士」に焦点化するのが妥当であろう。問題なのは学習課題であるが，ここでは「武士とは何か」「なぜ頼朝は義経を討ったのか」を主な問いに設定したい。

4 評価規準の作成—カリキュラムの構造化モデルの活用—

	知　識（技能）	思考・判断（表現）	情意・態度
知っている	・清盛や頼朝は戦いを職業とする武士団の棟梁として台頭した。 ・武士は天皇や貴族に仕え，また地方の役人として実力を蓄えた。 ・まず平氏が政権を取り，次に源氏が幕府を開くが，頼朝と義経が対立し，義経は兄に滅ぼされた。 （教科書や資料から読み取る）	中世の武士とはどんな存在だったか。どうやって武士は頭角を現したか。中世初期にはどんな人が活躍したか。清盛，頼朝，義経はどんな関係で，どんな役割を果たしたか。 （調べたことを記述する）	主題となる中世初期の時代に素朴な関心や疑問をもつ。
わかる	・義経は平氏を倒して朝廷に接近したため頼朝と対立した。 ・頼朝は御家人との主従関係に基づく新しい国家建設を企図した。 （資料から推論し，仮説を設定・検証する）	頼朝はなぜ戦功のあった弟の義経を滅ぼしたか。 頼朝はどんな社会の建設を目指したのだろうか。 （考えたことを論理的に説明する）	合理的根拠に基づいて推理し，説明しようとする。

使える	中世初期は，天皇・院，寺社，武士等が，それぞれ西国，東国等の勢力圏を地盤に対抗し合う権力の多元的分裂の時代であった。	中世初期の日本はどんな時代と判断できるか。（議論に参加し，自らの考えを論述する）	中世初期の時代像について，自分なりの考えを構築する。

5 単元指導計画の作成

〈小単元名〉「中世の幕開け―清盛・頼朝・義経の活躍した時代」（3時間）
〈小単元のねらい〉
　中世初期は権力の多元的分裂の時代であった（摂関家，天皇・院，有力寺社，武家の諸権門が並立し，東北・東国・西国・北国など諸地域の自立化への動きが見られた）ことを理解する。
〈小単元の構成〉
(1) 最初の大観的活動―清盛・頼朝・義経の人物像― 　　　　　　　　（0.5時間）
(2) 単元を貫く問いの発見と仮説形成 　　　　　　　　　　　　　　　（0.5時間）
(3) 大観的活動と関連させた探究―中世の武士像― 　　　　　　　　　（1時間）
(4) 結論を導くための作業課題の提示―中世初期の時代像― 　　　　　（1時間）

6 授業の展開

第1時

> 問1　平安末期から鎌倉初期の代表的人物を3人挙げるとしたら誰か。教科書を手がかりに3人を選び，ワークシートに書いて発表しなさい。

◇生徒の反応・発言
　教科書の該当頁から，平清盛，源頼朝，源義経になるものと思われる。

> 問2 清盛，頼朝，義経はどんなことをした人か。調べてワークシートに年表風にまとめなさい。その後，それぞれ発表してもらおう。

◆◇教師の指示，生徒の調べ活動と発表

　教科書や資料集を基に，3人の事績が比較・対照できるような年表にして発表させたい。ワークシートに対比年表の枠を示しておくのも手である。

> 問3 3人のゆかりの地はどこか。その地を複数挙げて説明しなさい。

◇◆生徒の発表と教師の確認

　清盛は京都，神戸，厳島。頼朝は京都，伊豆（蛭島），鎌倉。義経は京都，平泉，屋島，壇ノ浦等に注目させ，それぞれの地との縁を説明させる。

> 問4 3人の活躍した時代はどんな時代だと思うか。今の時点で自分の考えをワークシートに書き，発表しなさい。

◇生徒の反応・発言

　武士の台頭した時代，貴族と武士が並立した時代，源平合戦の時代，等。

第2時

> 問1 清盛が政治の実権を握れた要因は何か。清盛の事績を振り返りながら，その要因をワークシートに箇条書きにしてから，発表しなさい。

◇◆生徒の発表と教師の確認
・平氏や源氏は天皇家の争いに軍事的に協力し（保元の乱），台頭した。
・平氏は武力で源氏に勝利し（平治の乱），政治の実権を握った。

第5章

・清盛は娘を天皇に嫁がせるなど朝廷との結びつきを強め力を維持した。
・清盛は荘園収入の他に日宋貿易の利益を経済的基盤とした。

> 問2　ではなぜ平氏政権は滅んだのか。平氏を倒したのは誰か。

◇◆生徒の発表と教師の確認
・貴族（院）や寺社の反発。以仁王の平氏打倒の令旨に源氏が呼応。
・清盛の病死。源義経の率いる源氏軍に各地で圧倒され滅亡。

> 問3　戦功のあった義経はその後どう行動したか。また，頼朝はそれにどう対応したか。

◇生徒の反応・発言
　義経は後白河法皇から検非違使（京の治安維持）に任ぜられたが，次第に頼朝との対立を深め京を逃れた。頼朝は，義経をかくまった奥州藤原氏を攻め，義経を自殺に追い込むとともに，奥州藤原氏を滅ぼした。

> 問4　なぜ頼朝は義経を討ったのだろう。2人の間に政策をめぐって，どんな対立があったのか。教科書や資料「頼朝と義経の対立」（後掲）を手がかりにして，ワークシートに考えたことを書き，発表しなさい。

◇◆生徒の発表と教師の確認
　義経は，頼朝に無断で法皇から検非違使に任ぜられるなど，朝廷との結びつきを強めたから。それでは平氏と同じ道を歩むことになる。
　頼朝は，苦難を強いられた時代から従った武士を御家人として，御恩と奉公に基づく主従関係を確立し（平氏から没収した土地は御家人に恩賞として与えた），東国に朝廷（院・天皇・貴族・大寺社）とは独立した政権を築こうとした。その点で，義経の行動は許しがたいものであった。

第3時

> **問1** 清盛，頼朝，義経を2つのグループに分けてみよう。どんな組み合わせがあるだろうか。それぞれの理由とともに考えて発表しよう。

◇◆生徒の反応・発言と教師の支援

最も簡単なのは，頼朝と義経を一緒にする理由であろう（源氏の兄と弟）。また，清盛と頼朝を一緒にする理由も教科書をよく読めばわかる（どちらも武家の棟梁）。難しいのは清盛と義経を一緒にする理由であるが，「もし組み合わせるとしたら」との仮定の下に生徒に自由に考えさせたい。正解はないが，例えば「どちらも頼朝に倒された」といった回答は容易に得られよう。あるいは，「どちらも朝廷の官位を欲しがり貴族化した。田舎暮らしより京の暮らしを好んだ。」に類する回答が出てくるかもしれない。いずれにせよ，次の問いの布石とするのがねらいである。

> **問2** 清盛・頼朝・義経は武士か，それとも貴族か。なぜ，そう考えるか。班で話し合ってから，発表しなさい。

◇◆生徒の話し合い・発表・討論と教師の支援

まず班毎に話し合わせて，それぞれの仮説を「〜の理由で○○だと思う」という形でまとめさせる。その後，班同士ないしは学級全体で討論させたい。大切なのは，いかなる理由で判断しているかである。最終的には，中世武士団の基本的性格が職能としての武士（軍事貴族）にあること，したがって3人は武士でもあり貴族でもあったことに気づかせたい。

> **問3** 3人の活躍した中世初期とはどんな時代か。教科書を読み，政治・経済・社会の各視点からワークシートにまとめて発表しよう。

第5章

◇◆生徒の発表と教師の確認

　政治面では，院政，東北の発展。経済面では，荘園公領制，日宋貿易。社会面では武士の登場と武士団に着目させたい。それらを通して，中世初期が「権力の多元的分裂」（上横手前掲書，29頁）の時代であったことを把握させる。

〈主な資料〉

頼朝と義経の対立（川崎庸之他監修『読める年表・日本史［改訂第11版］』自由国民社，2012年，311頁）

> 　頼朝は平氏滅亡の報を得た直後の文治元年四月，頼朝の許可なく朝廷の官職についた東国の武士二十五名に対し，美濃の国境いから東へ下向することを禁止している。そんなに官位が欲しいのなら，そのまま京都にいるがいい―というのだ。頼朝は，自分の政権を強固にするために，かねてから御家人武士の賞罰の権限を独占掌握することにつとめていた。戦功に対する恩賞はもちろん，朝廷の官職授与についても，必ず自分を通して行うよう，朝廷にも強く申し入れてあった。そう制限しておかないと，いつ御家人武士が幕府から朝廷に鞍替えするか，わかったものではなかったからである。
>
> 　ところが義経は，そんな頼朝の基本方針を踏みにじっていたのである。前年のことだが，義経は後白河法皇より検非違使・左衛門少尉に任じられ，位も従五位下に叙せられた。これら一連の任官叙位をすべて義経が独断で拝受したため，頼朝は怒ったのだ。義経が弟であるだけに，頼朝は鎌倉殿の権威を示すため，より厳しい処置を講じなければならなかったのだ。

第6章

公民的分野の
ポイントを押さえた授業づくり

CHAPTER
6

第6章

公民的分野の授業づくりの基礎基本

1 用語主義からの脱却―ヒモノではなくナマの社会を―

　1950年代を中心とする成立期の社会科は，現実生活上の様々な問題を取り上げ，その背景や原因を探り解決策を模索する問題解決学習を基本としていた。例えば高校の選択科目の「時事問題」では，教科書がなかったこともあり，教室に新聞を持ち込んでその中から課題を設定し議論する学習が展開されたという。こうした学習は，日本の独立や経済的復興とともに敬遠されるようになり，1960年代以降，系統的な学習へと転換していった。

　中学校社会科は三分野制をとり，公民的領域は政治・経済・社会的分野と称され，文字通り政治，経済，社会の制度や原則を教科書に沿って学習するようになった。学力の系統的育成のためとはいえ，社会科が現実（ナマ）の社会ではなく，教科書の中のいわばヒモノ化した社会の学習に陥ったのは残念なことであった。いつしか社会科は，社会の制度や原則をコトバ（用語）として暗記する教科と見なされるようになったからである。

　公民的分野の教科書を見ると，まずは原理・原則から入っている。例えば日本国憲法の項では，憲法の性格や成立の経緯に触れた後に，憲法の三大原則を「国民主権」「基本的人権の尊重」「平和主義」というコトバ（用語）でまず押さえ，その後に主旨を説明する構成になっている。憲法の具体的条文や関連する現実の国民生活は，時に資料や図解として欄外に記載されるに過ぎない。教科書の性格からして仕方のないことなのかもしれないが，教科書を順に教えることを当然視する現状では，授業も同様に展開され，結果的に評価においても用語の知識・理解が問われることになる。

こうした授業構成やテスト問題から脱却しなければ，暗記教科との社会的誹りを免れないであろう。だが，脱却するためには発想の転換が必要である。基本的人権の尊重を例にすれば，このコトバは授業の最後に生徒が実感をもって理解し身に付けるべき概念であって，最初に提示すべきものではない。まず具体的な現実，例えばブラック企業の実態，男女雇用機会均等といわれながら子育て世代の女性が働きにくい現状，エイジングプアと称される老人の貧困等，リアルな社会の実態から入る。そうすれば，強者への反発と弱者への共感から，彼（女）らを救う方法はないのか，いかなる法や制度を活用すればよいのか等の疑問が生まれ，主体的・対話的な学びにもつながろう。そして労働基準法や育児・介護休業法，社会保障としての生活保護の存在と主旨を知り，その背景となる社会権（生存権）等の基本的人権の重要性に気づくのである。社会科で大事なのはコトバを知っているかどうかではなく，その精神を理解し実践できるかどうかであることを教師は銘記したい。

2　現代社会の見方・考え方の再解釈—対立と合意，効率と公正の捉え直し—

　社会的な見方・考え方の中で，『解説』を読んでも理解し難いのが「現代社会の見方・考え方」である。公民的分野では，2008（平成20）年版の学習指導要領で，一足早く「現代社会をとらえる見方や考え方の基礎」として，対立と合意，効率と公正という概念的枠組みが提起された。それは今次改訂でも継承され，従前とほぼ同じ形で内容Ａの「(2) 現代社会を捉える枠組み」に位置づけられた。この概念的枠組みを基礎として，新たに内容Ｂの「私たちと経済」では分業と交換，希少性，内容Ｃの「私たちと政治」では個人の尊重と法の支配，民主主義，また内容Ｄの「私たちと国際社会の諸課題」では協調，持続可能性の概念が見方・考え方として付加されたのである。
　一体何がわかりにくいのか。一つは，対立と合意，効率と公正という枠組みと，分業と交換，希少性，個人の尊重と法の支配，民主主義，協調，持続可能性との関係である。前者が「基礎」であれば，後者は「応用」だろうか。

第6章

だがどこにもそれらしき説明はない。私見では後者が経済学，政治学等の基本概念を意味するとすれば，前者は社会における円滑な人間関係を維持するための調整方法を指す。だから，学習指導要領の内容B，C，Dのように，両者を見方・考え方として併記すべきではないのである。もう一つのわかりにくさは，対立と合意，効率と公正が前述のごとく内容に位置づけられ，身に付けるべき知識目標になっていることである。見方・考え方は資質・能力の中核を占めるものの，3つの柱のどれにも属さず評価の対象にはならないはずである。この点で他と食い違いを見せている。これらの点を踏まえると，やはり概念を再定義して，明確に両者を区分する必要があるのではないか。そうでなければ，現代社会の見方・考え方を働かせるのは困難になろう。

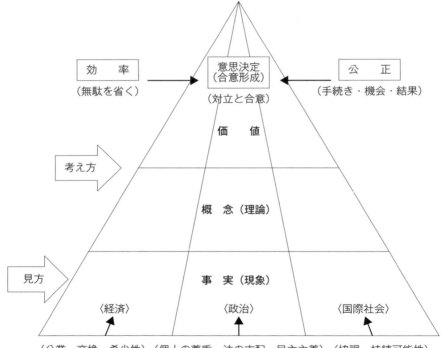

現代社会の見方・考え方の解釈と知識の構造（筆者作成）

そうした観点に立って，現代社会の見方・考え方を再解釈し，図式化したのが前頁の図である。見方・考え方の基本的な捉え方は第３章１の３で示したものと変わらない。社会的な見方・考え方が地理，歴史，現代社会の３つのカテゴリーに分けられたように，現代社会の見方・考え方も経済，政治，国際社会でカテゴライズした。経済のカテゴリーであれば，分業と交換，希少性等の視点から事実（現象）を把握するのが経済的な見方であり，それらの事実の内包する問題等の背景や原因を探究して一定の概念（理論）を獲得するのが経済的な考え方になる。しかし，考え方にはこうした概念（理論）の探究に関わる側面と，意思決定等の価値に関わる側面の両面がある。

　現代社会の考え方の価値的側面における意思決定，「対立」を「合意」へと導く調整の方法が，「効率」と「公正」である。例えば，自由主義経済で特定の企業による独占や寡占が進めば自由な競争が妨げられ，市場が正常に機能しなくなる。その場合にどうしたらよいか，社会的な意思決定を迫られる。そこで人々は社会的な無駄を省く（効率）とともに，公正な手続きによって自由な競争の機会を保障する（公正）法的整備が必要なことに気づく。そうして，独占禁止法，公正取引委員会等の法や制度を整備するのである。

　政治の例を挙げれば，公営のバスや自治体の出資する第三セクター方式の鉄道が赤字続きの場合，どうするのか。思い切って廃止してしまえば，効率の観点では無駄が省けて満点だろうが，公正の観点からすると，それを利用して通学する学生や定期的に通院する老人たちの足を奪うことになる。そこで，効率と公正の均衡点を模索して政策を決定することが必要になる。

　それゆえ，前頁の図では，「対立と合意」に関わる合意形成をピラミッドの最上位に位置づけた。そして，「効率と公正」を，それぞれ合意形成のための調整方法として，ピラミッドの外からの矢印で示した。このように現代社会の見方・考え方を解釈すれば，経済・政治・国際社会のどのカテゴリーにおいても，固有の視点から事象を把握し（見方の作用），その上で理論的に探究し価値的に判断する（考え方の作用）ことが可能になり，見方・考え方だけでなく概念的な枠組みも活用しやすくなろう。

新しい公民の内容を踏まえた授業づくりのポイント

　新しい公民の内容を踏まえた授業づくりのポイントは以下の3点である。
　第一に，内容Aの「(1) 私たちが生きる現代社会と文化の特色」では，情報化に関わって，「人工知能の急速な進化などによる産業や社会の構造的な変化などと関連付けたり，災害時における防災情報の発信・活用などの具体的事例を取り上げたりする」（内容の取扱い）ことが求められている。例えば人工知能（AI）については，工場や作業現場でのロボットの導入や公道での車の自動運転だけでなく，社会生活の様々な分野で活用されている事実を踏まえ，その光と影の両面に気づかせたい。また災害時における情報の重要性，とりわけ情報発信の迅速性と正確性について，具体的事例を取り上げて学習するとともに，その課題についても考察させたい。
　第二に，内容Bの「(1) 市場の働きと経済」に関わって，「起業について触れるとともに，経済活動や起業などを支える金融などの働きについて取り扱う」（内容の取扱い）ことが示された。金融の学習はこれまでもなされたが，しばしば制度の学習に留まりがちであった。具体的なベンチャー企業の成功事例，自分が起業する場合の手続きなどを取り上げ，起業に不可欠な金融の役割を扱うことも重要であろう。またシミュレーション・ゲームを活用するなどして，楽しみながら模擬的に起業体験をさせる方法も考えられる。
　第三に，内容Cの「(2) 民主政治と政治参加」や内容Dの「(2) よりよい社会を目指して」に関連して，公正な世論の形成や国民の政治への参加が不可欠なことを理解させるとともに，課題の探究を通して社会の形成に参画する意識を一層養うことが求められている。特に後者は公民的分野の最終項目でもあり，地域社会や日本の抱える課題を主体的に探究させ，自らの考えを説明・論述させるなどの言語活動を生かした学習を推進したい。

憲法学習の授業づくり
―「憲法って何だろう」―

1 憲法学習の新学習指導要領での位置づけ

　日本国憲法は，大項目Ｃ「私たちと政治」の「(1) 人間の尊重と日本国憲法の基本的原則」に位置づき，大項目Ａで「私たちと現代社会」，Ｂで「私たちと経済」を扱った後に学習する構成になっている。公民的分野のこの内容構成は1989（平成元）年版以来変わっていない（因みに，1977年版では政治先習になっていた）。また，具体的内容とその取扱いについても，従前とほとんど違いはない。それだけ憲法学習が安定したものになったともいえるが，逆に少子高齢化や情報化，金融や財政に比べて新鮮味に欠けるといえなくもない。しかし，生徒は公民的分野で初めて本格的に日本国憲法について学習すること，また選挙権年齢が18歳に引き下げられたことを考慮すると，教師は常に思いも新たに憲法学習に取り組むことが必要だろう。

　関連して一つ気がかりな点を指摘したい。それは中項目名にもある「人間の尊重」という用語である。知識目標にも，最初に「人間の尊重についての考え方を，基本的人権を中心に深め，法の意義を理解すること。」と掲げられており，憲法学習の基本となっていることがわかる。しかし，学習のために働かせる（政治の）見方・考え方として，「個人の尊重と法の支配，民主主義など」が挙げられているように，ここは個人の尊重と捉えるべきだろう。人間の尊重ではあまりに一般化されすぎてインパクトが弱い。人権とは人間一般の権利ではなく，それぞれ固有の価値観をもつ個人の権利であることを確認しておかないと，憲法の意義や立憲主義の本質的理解にはつながらないからである。

2 教科書における「日本国憲法」の扱い

　教科書における日本国憲法の扱いについて，該当する章と項目を列挙すると下記のようになる。どの教科書も日本国憲法に１章を割き，それぞれ工夫を凝らした項目立てをしているが，概ね三大原則を意識した構成といえよう。そんな中で，A社ははじめに「なぜ憲法を学ぶのか」と題する見開き２頁を置き，B社は章のタイトルを「日本国憲法について考えよう」とするなど，どちらも憲法に直球勝負を挑んでいる。また，C社は日本国憲法に「人権」の視点から一貫してアプローチしようとし，B社は「現代社会に残る差別」について特に項目を立てて扱っており，これらも注目に値する。

A社	「人間を尊重する日本国憲法」 ○なぜ憲法を学ぶのか　　（1）民主主義を支える日本国憲法 （2）憲法が保障する基本的人権　　（3）私たちの平和主義
B社	「日本国憲法について考えよう」 （1）日本国憲法とは　　（2）国民主権と私たち　　（3）日本の平和主義 （4）基本的人権の尊重と平等権　　（5）現代社会に残る差別① （6）現代社会に残る差別②　　（7）自由権　　（8）社会権 （9）広がる人権の考え方　　（10）人権を守るためには
C社	「個人の尊重と日本国憲法」 （1）人権と日本国憲法　　（2）人権と共生社会　　（3）これからの人権保障
D社	「個人の尊重と日本国憲法」 （1）法に基づく政治と日本国憲法　　（2）日本国憲法と基本的人権 （3）日本の平和主義

　だが，内容を精査すると，どれも用語主義に基づいているのは明らかであ

り，章末のまとめの頁における重要用語の確認問題とも相俟って，用語主義をさらに助長する恐れが強い。それは，限られた紙数に一定の内容を系統的に整理することが求められる現状ではやむを得ないのかもしれない。それゆえ，指導に当たる教師が教科書の性格と限界を踏まえた上で，どれだけ社会の現実に切り込む学習課題（問い）を設定できるかどうかに，憲法学習の成否は係ってくるといえよう。

3 「憲法学習」の教材解釈と学習課題

立憲主義を誤解しているとしか思えない政治家の発言を耳にすると，最重要な憲法学習の課題（問い）が「憲法とは何か。憲法は誰のためにあるのか」にあることに大方が同意するであろう。日本国憲法の三大原則の具体的内実を問うことも重要だが，それも含めて上記の問いに収斂すべきだと考える。ここでは，『高校生からわかる日本国憲法の論点』（伊藤真，トランスビュー，2005年）を手がかりに，憲法や立憲主義を以下のように捉えた。

近代憲法の意義・役割 ＝ 国家権力の行動に歯止めをかけるもの
{ 法律→国民を縛る }　国民に憲法を守る義務はない（憲法が国民を守る）
{ 憲法→権力を縛る }　天皇，国務大臣，国会議員，公務員に守る義務

この原理に基づく政治 ＝ 立憲主義 → 民主主義も制限され得る
（＊多数の選択したことでも個人の自由や権利を侵害しないよう憲法で歯止め）

日本国憲法 { 本文（第3章）：国民の権利や自由を守る〈目的〉
　　　　　　（第4～8章）：そのための統治機構　　〈手段〉
　　　　　　権力は分立していなければならない（三権，両院，地方自治）

---

4 評価規準の作成―カリキュラムの構造化モデルの活用―

　政治（憲法）学習での現代社会の見方・考え方として，新学習指導要領では「個人の尊重と法の支配，民主主義」が挙げられている。それらを視点にして，憲法に関わる諸事象を捉え（見方＝知っているレベル），その背景や根拠を探究して憲法の意味を理解し（考え方①＝わかるレベル），さらには主権者としてのあり方について構想し論述する（考え方②＝使えるレベル）学習を想定し，下記の評価規準を作成した。

	知　識（技能）	思考・判断（表現）	情意・態度
知っている	・憲法十七条は役人の服務規律を説き，近代憲法は国民の権利や統治機構の原理を示した。 ・国民は憲法違反に問われない。 （教科書や資料から読み取る）	憲法とは何か。近代憲法と前近代の家憲との違いは何か。国民は憲法違反に問われるか。 （調べたことを記述する）	主題となる憲法に素朴な関心や疑問をもつ。
わかる	・憲法は国民の権利と自由を守るために権力を縛る。この思想に依拠する政治が立憲主義である。 ・権力は腐敗しやすいので人権を守るために権力分立がなされる。 ・天皇・国務大臣・国会議員・公務員等が憲法を擁護する義務を負う。 （資料等から推論する）	何のために憲法が作られたか。憲法と法律の違いは何か。なぜ三権分立が大事か。誰が憲法擁護の義務を負うのか。なぜ立憲主義の政治が重要か。 （考えたことを論理的に説明する）	合理的根拠に基づいて推理し，説明しようとする。
使える	・人権を守るためには権力の監視と法の支配の徹底に向けた主権者としての自覚が必要である。 ・個人の権利を守るために多数決で決まったことでも制限される。	擁護義務のない憲法に対し国民はどう対応したらよいのか。民主主義と憲法のどちらが大事か。 （議論に参加し，自らの考えを論述する）	憲法への対応について自分なりの考えを構築する。

5 単元指導計画の作成

〈小単元名〉「憲法って何だろう」(3時間)
〈小単元のねらい〉
　近代憲法は国民の権利と自由を守るために権力に歯止めをかけるべく制定されたもので，権力の分立が不可欠なこと，国民に憲法を守る義務はないこと，またこうした思想を立憲主義と称することを理解する。
〈小単元の構成〉
(1) 道徳規範から法の支配へ：憲法十七条と近代憲法の違いは何か。(1時間)
(2) 立憲主義：憲法は何のために作られたのだろう。　　　　　(1時間)
(3) 個人の尊重：民主主義（多数決）は常に正しいのだろうか。　(1時間)

6 授業の展開

第1時

> 問1　今日から憲法の学習をする。ところで，憲法とは一体何かな。

◆問題提示・板書　「憲法とは何だろう？」

> 問2　憲法と聞いて思いつくもの，または知っている憲法を挙げなさい。

◇生徒の反応・発言
　日本国憲法。十七条の憲法。大日本帝国憲法…等。

> 問3　これらの憲法が制定された年を教科書や資料集で調べなさい。

第6章

◇◆生徒の発表と教師の確認・板書
憲法十七条：604年　　大日本帝国憲法：1889年　　日本国憲法：1946年

> **問4**　3つの「憲法」に共通する点は何か。また異なる点は何か。教科書巻末の資料（日本国憲法，大日本帝国憲法抜粋）と配付資料（憲法十七条）を見比べて班毎に話し合い，その後に発表してもらおう。

◇生徒の発表
共通点：いずれも何らかの決まり（規範）である。
相違点：憲法十七条は古いが，他の2つは近代で比較的新しい…等。

> **問5**　聖徳太子が発布したとされる（後世の創作説あり）憲法十七条を声に出して読みなさい。誰に対して，何を言っているのだと思うか。

◇◆生徒の発表と教師の確認・説明
憲法十七条は役人に対する道徳的訓戒ないし仕事上の服務規程である。

> **問6**　それに対して大日本帝国憲法や日本国憲法はどこが違うか。

◇◆生徒の発表と教師の確認・説明
　国の政治の仕組みや国民の権利が書かれている。→近代憲法

　憲法十七条は憲法という文字は同じだが，中身が近代憲法とは全く異なることを説明する。例えば，憲法十七条から大日本帝国憲法まで1300年近い間があくが，その間に武士や商家などでは一家の訓戒ともいうべき家訓（家憲）が出されることがあった。現在でも校訓や社訓という形で残っている。他方，近代の「憲法」は英語の constitution の訳語で，con（共に，一緒に）stitute（創り上げる）という語源から類推されるように，国の骨格を創造する原理を意味した。訓戒・規律と国の基本原理という点で，両者は全く異なる。

> 問7　君たちは憲法違反に問われることがあるだろうか。もしあるとしたらそれはどんな行為で，憲法のどの条文に該当するか。日本国憲法の条文を見て班で話し合い，その後でワークシートに考えを書きなさい。

◇生徒の話し合いと論述

　班の話し合いを支援する。しかし，結果については自由に論述させたい。

第2時

> 問1　前時の最後の問いについて，どんな考えを書いたか発表しなさい。

◇◆生徒の発表と教師の確認・説明

　生徒の考えは荒唐無稽なものも含め多様なことが予想される。それらを踏まえ，生徒や私たち国民は憲法に違反できないことを説明する。教育を受けさせる義務，勤労の義務，納税の義務への違反を挙げる者もいるかもしれないが，主権者としての権利に相応しい義務を規定したのであり，それらに違反したからといって憲法による罪には問われないことを確認したい。

> 問2　一体何のために，誰のために近代憲法は作られたのだろう。日本国憲法の各章や条文の見出しを見ながら，班で話し合って答えなさい。

◇◆生徒の発表と教師の確認・説明

　国民の権利を守ることと統治機関の仕組みを明確にするためではないか等。日本国憲法の中核をなすのは国民の権利を規定した3章で条項数も一番多い。この目的を達成するための手段として，4章～8章の統治機構の規定がある。国民が憲法を守るのではなく，権力者の恣意から国民を守るために憲法があること，だから国民は憲法違反に問われないことを改めて説明したい。

第6章

> 問3　国民の権利が一番大事なら、なぜ1章でなく3章に置いたのか。

◇◆生徒の発表と教師の説明
　1章が天皇、2章が戦争の放棄であることを手がかりに自由に考えさせる。天皇主権の旧憲法で国民の権利が侵害され、侵略戦争に突き進んだことへの反省を踏まえ1・2章を置き、次に3章に人権規定を置いたのではないか。

> 問4　国民の権利と自由をまもるために憲法が作られたとすれば、国家権力の暴走をくい止めるためにどんな工夫がなされているだろうか。日本国憲法の4章～8章を手がかりに、班で話し合ってワークシートに書きなさい。後で発表してもらおう。

◇◆生徒の発表と教師の確認・説明
　三権分立の語が出てくることが予想されるが、用語で答えるだけでなく、日本では立法権が国会、行政権が内閣、そして司法権が裁判所にあることを説明させるようにする。なお、権力の分立はそれだけでなく、国会における衆議院と参議院、中央の政治と地方自治、警察庁と都道府県警等、様々な分野に及んでいることや、その思想的背景としての啓蒙思想にも触れたい。

> 問5　日本国憲法が国民のためにあるとしたら、憲法を守る義務は誰にあるのか。また、憲法は彼らにどんな行為を禁止しているのだろうか。憲法第10章を手がかりに、班で話し合ってから答えなさい。

◇◆生徒の発表と教師の確認・説明・板書
　第99条の規定を読むと、憲法尊重擁護の義務は、天皇又は摂政、国務大臣、国会議員、裁判官、公務員など国家権力を行使する者に限られる。
　第98条では、「憲法が国の最高法規」であり（板書）、その条規に反する法

律，命令，詔勅及び国務に関する行為を無効としている。なお法律は立法府である国会が，また命令は省庁等の行政機構（政令，省令等）が制定する法規を指し，詔勅は旧憲法下での天皇の公的な意思表示の文書を意味した。

> 問6　近代社会では国民の権利や自由を守るために，国家権力を制限する憲法に基づく政治が追求されてきた。このような考え方を何というか。

◇◆生徒の発表と教師の確認・説明・板書

　国家権力を法的に制限した憲法に基づいて政治を行うことを，「立憲主義」ということを確認し，板書する。

第3時

> 問1　前時には日本国憲法が最高法規であり，それに反する法律や命令は無効（第98条）だと学んだが，それは誰が審査し認定するのだろう。

◆◇教師による問題提起と生徒の反応・発言

　すぐに答えが出ないかもしれないが，前時の学習を踏まえ考えさせたい。

> 問2　この問いを考えるヒントは「三権分立」にある。憲法の条文を見ながら，班で話し合って答えなさい。

◇◆生徒の発表と教師の確認・説明・板書

　最高裁判所が法令審査権をもっている（憲法第81条）。裁判所のもつこの権限を，通常「違憲審査権」と称することを説明して板書し，教科書でも確認する。特に，終審裁判所としての最高裁は「憲法の番人」とも呼ばれることを合わせて説明・板書し，三権分立の意義を確認したい。

　また，教科書（帝国書院，88頁）掲載の資料「最高裁判所のおもな違憲判

決」の事例（尊属殺重罰規定，薬事法訴訟，衆議院議員定数等）について，できれば当時の新聞記事を準備して，調べさせたり話し合わせたりしたい。

> 問3　私たち国民は憲法で守られているのに擁護する義務がないとすれば，国民は憲法にどう対処すればよいのだろう。何もしなくてよいのか。それについて，憲法の条文を読み，班で話し合って答えなさい。

◇◆生徒の話し合い・発表と教師の確認・説明

　教師は机間巡視しつつ班毎の話し合いを支援する。生徒の発表後に，憲法前文に込められた主旨を説明し，人権の尊重とともに国民主権と平和主義が日本国憲法の基本原則となっていることを確認する。そして，憲法第12条の意味を生徒に考えさせ，国民には自由・権利の保持の責任（不断の努力）と濫用の禁止（公共の福祉の重視）が求められることを説明し，板書する。

> 問4　公共の福祉とはどういうことか。班で話し合って答えなさい。

◇◆生徒の話し合い・発表と教師の確認・説明

　公共の福祉とは全体の利益のために個人の権利を制限することではなく，個人間の権利の対立を「効率と公正」の観点から調整することを指している。

> 問5　効率と公正といっても民主主義では多数決が大事ではないのか。憲法の主旨を思い出して，自分の考えをワークシートに書きなさい。

◇◆生徒の論述と教師の補足説明

　生徒に自由に論述させる。民主的手続きで選ばれたヒトラー政権の横暴に触れながら，民主主義は人類の長年の努力により達成されたが万能ではなく，国民や国家は過ちを犯す可能性があるため，多数決で個人の自由や権利が侵される場合は民主主義も憲法により制約されることに気づかせたい。

4 社会的論争問題の授業づくり
―「沖縄の基地問題について考えよう」―

1 社会的論争問題の新学習指導要領での位置づけ

　新学習指導要領に（社会的）論争問題なる語は出てこない。しかし，公民的分野の目標(2)には「…現代社会に見られる課題について公正に判断したりする力…を養う」と明記されており，『解説』では「いろいろな立場に立った様々な考え方があることを理解した上で判断する，結論に至る手続きの公正さに加え，その判断によって不当に不利益を被る人がいないか，みんなが同じになるようにしているか，といった機会の公正さや結果の公正さなど「公正」には様々な意味合いがあることを理解した上で，現代社会に見られる課題について判断できるようになること」(130頁)を求めている。このように概念的枠組みとしての「公正」が強調されるのは，現代社会の課題が価値的で，多様な見解に分かれることの証左であろう。したがって，「公正」に留意しながら，経済，政治（法），国際社会の各単元で，論争的な課題＝社会的論争問題に取り組むことが求められていると捉えるべきであろう。

2 教科書における「沖縄の基地問題」の扱い

　沖縄の基地問題に関する教科書の取扱いを比較すると，次頁の表のようになる。いずれも日本の平和主義や国際貢献，日米安保条約等の関連コラムとして，米軍用地を示す沖縄の地図や普天間飛行場の写真とともに，ほぼ半頁にわたって取り上げられている。その中で，B社の教科書が基地問題について対立する意見を，簡潔ながら紹介しているのは注目される。

A社	日本の平和主義について資料を読み深めるテーマ学習「沖縄に生きる人々とともに」
B社	国際社会における日本の役割のコラム「沖縄の基地問題」 〈賛成意見〉 ・緊張の高まる東アジアの中で，紛争を未然に防ぐことができる ・地域の雇用の場になっている 〈反対（基地の移転を求める）意見〉 ・住宅街に近いことで騒音問題，墜落などの事故の危険
C社	日本の平和主義のコラム「沖縄と基地」
D社	日本の平和主義のコラム「沖縄と基地問題」

しかし，例えば日本国憲法の自由権のコラム「死刑制度について考える」のように，死刑制度のYes-Noを問うような構成にはなっていない。それだけ，解決の難しい政治的論争問題だからであろう。

3 「沖縄の基地問題」の教材解釈と学習課題

基地問題に限らず，死刑制度にせよ原発再稼働にせよ，問題の経緯と論争に絡む様々な利害や思惑を考えると，「大人にさえ解決できない問題を中学生に考えさせてどうするのか？」といった疑問が出てこよう。原発や基地を抱えた地域であればなおさら取扱いには神経質にならざるを得ない。政治的中立を求める管理職や教育委員会・文科省の無言の圧力も感じるだろう。なぜ，私が敢えて火中の栗を拾う必要があるのか。それより，生徒の当面の願いである高校入試対策に全力を注ぐべきではないか。多くの教員がそう考えるのも無理はない。しかし確認しておきたいのは，そうした決して批判できない教員の日々の営みが，社会科を限界教科に近づけていることである。

沖縄県民を除けば，学校，特に社会科で米軍基地の問題を学ばなければ，大半の生徒が沖縄の現状さえ知らないままに世に出て行くことになる。観光で沖縄に行っても，青い海と美味しい食事を堪能して「また遊びに来たい」で済んでしまう。われわれの平和と安全が沖縄県民の犠牲の上に成り立っているかもしれないという認識は微塵もなかろう。事実を知らなければ，想像力は湧かないからである。同じ日本国民としてこれでよいのだろうか。すぐに解決ができるかどうかではなく，問題の現状を知ること，そこに社会科の初志があったはずである。今こそ，そこに回帰すべきではなかろうか。

　ここでは本土の中学生対象の授業を想定し，「君が沖縄県民だったら，基地を押しつける日本や日本人をどう思うだろうか」を学習課題にしたい。

4　評価規準の作成―カリキュラムの構造化モデルの活用―

	知　識（技能）	思考・判断（表現）	情意・態度
知っている	・日米安保条約に基づく日本の米軍基地の4分の3が沖縄にある。 ・米軍兵士や軍属は日米地位協定により特別に保護されている。 ・普天間基地は市街地傍にある。 （教科書や資料から読み取る）	沖縄県民が一番困っていることは何か。沖縄の米軍基地の現状はどうか。米兵が事件を起こしても保護されるのはなぜか。 （調べたことを記述する）	主題となる沖縄の基地問題に素朴な関心や疑問をもつ。
わかる	・沖縄の米軍基地の歴史的背景には沖縄戦，戦後の米国統治の長期化，本土の構造的差別がある。 ・沖縄県民は普天間飛行場の移設を新基地建設だとして反対する。 （推論と仮説の設定・検証）	なぜ沖縄に米軍基地は集中するのか。なぜ沖縄県民は普天間飛行場の辺野古移転に反対するのか。 （考えたことを論理的に説明する）	合理的根拠に基づいて推理し，説明しようとする。

使える	・沖縄県民の多くは沖縄の現状を知らぬまま放置する本土の構造的差別について怒っている。 ・沖縄の基地問題は沖縄の問題ではなく日本の平和と安全の問題であり，多数者の横暴で少数者の権利を侵さない，憲法に保障された基本的人権の問題でもある。	沖縄県民の怒り（本土への不信）の理由は何か。自分が沖縄県民だったら，沖縄への基地押しつけを放置する本土の日本人についてどう思うだろうか。 （議論に参加し，自らの考えを論述する）	沖縄の基地問題への自分なりの考えを構築する。

5 単元指導計画の作成

〈小単元名〉 「沖縄の基地問題について考えよう」（3時間）
〈小単元のねらい〉
　沖縄の米軍基地と沖縄県民の現状を知り，その背景や原因を探るとともに，沖縄を放置し続ける本土の日本人による「構造的差別」について考える。
〈小単元の構成〉
(1) 沖縄の米軍基地の現状と日米地位協定　　　　　　　　　（1時間）
　沖縄はどんなところか。沖縄県民はどんなことに困っているか。
(2) 米軍普天間飛行場移設問題　　　　　　　　　　　　　　（1時間）
　なぜ米軍基地ができたのか。なぜ普天間基地の移設に反対するのか。
(3) 沖縄県民の怒りの理由　　　　　　　　　　　　　　　　（1時間）
　君が沖縄県民だったら，日本や本土の日本人をどう思うか？

6 授業の展開（概要）

　紙幅の都合で主な問いを中心に示す。教師の指導や生徒の活動についても区別せず，主な回答のみ記述する。授業の全般を通じて，可能であれば生徒

自身に沖縄県の下記公式HPを参照させたい。その質問を見るだけでも意義がある。主なQ&Aをダウンロードし，印刷して提示するのもよいだろう（http://www.pref.okinawa.jp/site/chijiko/kichitai/tyosa/qanda.html）。

第1時

| 問1　沖縄県とはどんなところか。知っていることを挙げよう。 |

→生徒に自由に発表させたい。

| 問2　沖縄にどれ位の米軍基地があるか。なぜ日本に米軍基地があるか。 |

→資料から説明。日米安保条約により日本の米軍基地の約74％が沖縄に集中。

| 問3　沖縄県民は米軍基地によってどんなことに困っているのだろう。 |

→平地が基地とされ経済開発や交通の障害になっている。米軍関係者の事件・事故があっても泣き寝入り。航空機等の騒音・環境問題等もある。

| 問4　米軍関係者の事件や事故が日本側で捜査できないのはなぜか。 |

→日米地位協定により米兵や軍属の身柄は米国側に保護されている。

第2時

| 問1　なぜ沖縄に米軍基地が多いのか。その歴史的背景は何か。 |

→大戦末期の沖縄戦，米ソ冷戦下の米軍統治（「アメリカ世」での朝鮮戦争，

ベトナム戦争),冷戦後の東アジアの緊張と米軍のアジア戦略等。

> 問2　普天間基地移設問題はなぜ起きたか。なぜ沖縄県民は反対するか。

→普天間基地の周囲には住民の市街地が広がり安全性に大きな課題がある。辺野古沖への移設反対は,単なる自然保護が目的ではなく,県内での基地の新設・たらい回しへの反対である。日米安保条約の下で米軍基地が必要ならば,日本国民が均等に負担すべきだと多くの沖縄県民は考えている。

第3時

> 問1　沖縄県民の本土不信の理由は何か。沖縄県のHPで本土の人から投げられる質問とそれに対する回答を見てみよう。

→何もなかったところに米軍基地ができて,その周りに住宅地ができたのではないか。沖縄は東シナ海という地政学的に重要な位置にあるから仕方ないのではないか。沖縄県は経済的に米軍基地に大きく依存しているのではないか。基地がなくなったら本当は困るのではないか。米軍基地と引き替えに沖縄振興予算が増額されているのだから我慢すべきではないか……といった問いが投げかけられる。

　沖縄県側の回答は,沖縄県の公式HPで確認したい。

> 問2　君が沖縄県民だったら,基地を押しつけている日本政府や本土の人についてどう思うか。公正の観点から班で話し合い論述しなさい。

→「公正」の3つの側面(手続き,機会,結果)に触れる。後は自由に論述させ,発表させたい。

あとがき

　拙い内容であるが，長年社会科教育研究に携わってきた者の一人として，社会科へのオマージュと全国の社会科教師への期待を込めて書いたつもりである。歴史教育を専門にしてきたこともあり，地理や公民を含む社会科全体を対象に単著を仕上げるのは，楽しくもありまた苦しくもあった。しかし，結果的に自らの社会科論を振り返ることができ，改めてその未熟さと，社会科への変わることのない熱い思いを確認することができた。それも明治図書出版のおかげである。特に，企画の及川誠さんと校正の西浦実夏さんに心より感謝の意を捧げたい。お二人の期待に十分応えられたかどうか自信はないが，新学習指導要領を丸ごと受容し解説するのではなく，その理念を共有しつつも，社会科の授業改善を可能にする理論の面では妥協することなく持論を展開したところに多少の自負を持っている。

　例えば，見方・考え方の解釈や歴史大観学習の方法については，学習指導要領とは異なっている。その是非は読者の判断に委ねるしかないが，少なくとも資質・能力を育てようとするなら，従前の地誌や通史の論理を乗り越えねばならないし，用語主義からも脱却しなければならないはずである。そう考えて，まずは中教審答申の主旨に則り，社会科の授業を深い学びに誘う理論と方法を示すことに努めた。もちろん，知識不足や思い込みによる誤りがあるかもしれないし，授業づくりの事例については実態と乖離するとの批判もあるかもしれない。新学習指導要領の解釈や社会科授業理論の面も含め，読者の皆さんの厳しいご叱正をお願いしたい。

平成30年7月

原田　智仁

【著者紹介】

原田　智仁（はらだ　ともひと）

1952年生まれ。滋賀大学教育学部特任教授。博士（教育学）。広島大学大学院を修了後，愛知県の公立高校の教員を経て1990年から2017年まで兵庫教育大学に勤務。その間，文科省の教科調査官を併任し，1999年版高校世界史の改訂に当たる。今回の教育課程改訂にも中教審の委員として参加。2018年4月より現職。

〔主著〕
『世界史教育内容開発研究―理論批判学習―』（風間書房，2000年），『"世界を舞台"に歴史授業をつくる―嫌われても世界史はやめない！―』（明治図書，2008年），『社会科教育のルネサンス―実践知を求めて―』（保育出版社，2016年），『授業をもっと面白くする！中学校歴史の雑談ネタ40』（明治図書，2018年）

中学校　新学習指導要領　社会の授業づくり

2018年7月初版第1刷刊　Ⓒ著　者　原　田　智　仁
2021年3月初版第3刷刊
　　　　　　　　　　　発行者　藤　原　光　政
　　　　　　　　　　　発行所　明治図書出版株式会社
　　　　　　　　　　　　　　　http://www.meijitosho.co.jp
　　　　　　　　　　　（企画）及川　誠（校正）西浦実夏
　　　　　　　　　　　〒114-0023　東京都北区滝野川7-46-1
　　　　　　　　　　　振替00160-5-151318　電話03(5907)6704
　　　　　　　　　　　　　　　　ご注文窓口　電話03(5907)6668

＊検印省略　　　　　組版所　長野印刷商工株式会社
本書の無断コピーは，著作権・出版権にふれます。ご注意ください。

Printed in Japan　　　　ISBN978-4-18-286615-9
もれなくクーポンがもらえる！読者アンケートはこちらから
→